新・教職課程演習　　第3巻

教育方法と技術・教育課程

筑波大学人間系教授　　樋口　直宏
広島大学大学院准教授　吉田　成章　編著

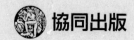

協同出版

刊行の趣旨

　教育は未来を創造する子どもたちを育む重要な営みである。それゆえ，いつの時代においても高い資質・能力を備えた教師を養成することが要請される。本『新・教職課程演習』全22巻は，こうした要請に応えることを目的として，主として教職課程受講者のために編集された演習シリーズである。

　本シリーズは，明治時代から我が国の教員養成の中核を担ってきた旧東京高等師範学校及び旧東京文理科大学の伝統を受け継ぐ筑波大学大学院人間総合科学研究科及び大学院教育研究科と，旧広島高等師範学校及び旧広島文理科大学の伝統を受け継ぐ広島大学大学院人間社会科学研究科（旧大学院教育学研究科）に所属する教員が連携して出版するものである。このような歴史と伝統を有し，教員養成に関する教育研究をリードする両大学の教員が連携協力して，我が国の教員養成の質向上を図るための教職課程の書籍を刊行するのは，歴史上初の試みである。

　本シリーズは，基礎的科目9巻，教科教育法12巻，教育実習・教職実践演習1巻の全22巻で構成されている。各巻の執筆に当たっては，学部の教職課程受講者のレポート作成や学期末試験の参考になる内容，そして教職大学院や教育系大学院の受験準備に役立つ内容，及び大学で受講する授業と学校現場での指導とのギャップを架橋する内容を目指すこととした。そのため，両大学の監修者2名と副監修者4名が，各巻の編者として各大学から原則として1名ずつ依頼し，編者が各巻のテーマに最も適任の方に執筆を依頼した。そして，各巻で具体的な質問項目（Q）を設定し，それに対する解答（A）を与えるという演習形式で執筆していただいた。いずれの巻のどのQ&Aもわかりやすく読み応えのあるものとなっている。本演習書のスタイルは，旧『講座教職課程演習』（協同出版）を踏襲するものである。

　本演習書の刊行は，顧問の野上智行先生（広島大学監事，元神戸大学長），アドバイザーの大髙泉先生（筑波大学名誉教授，常磐大学大学院人間科学研究科長）と高橋超先生（広島大学名誉教授，比治山学園理事），並びに副監修者の筑波大学人間系教授の浜田博文先生と井田仁康先生，広島大学名誉教授の深澤広明先生と広島大学大学院教授の棚橋健治先生のご理解とご支援による賜物である。また，協同出版株式会社の小貫輝雄社長には，この連携出版を強力に後押しし，辛抱強く見守っていただいた。厚くお礼申し上げたい。

　2021年4月

監修者　筑波大学人間系教授　清水　美憲
広島大学大学院教授　小山　正孝

序文

　日本の授業は，世界でも有数の高水準にあると言われている。その理由はいくつかあるが，学習指導要領や教科書をはじめとする教材，指導技術や集団づくりといった教育方法，さらに実践者としての教師と授業研究といった要因が挙げられる。そして，それらを支える学問が，教育方法学，教育工学，カリキュラム学である。本書『教育方法と技術・教育課程』は，これらに関する主要なテーマを取り上げ，Q＆A形式で解説することを目指している。

　上記に挙げた3つの研究領域は，「何を，どのように」教え学ぶかという表裏一体の関係にある。すなわち，教育内容やそれを体系化した教育課程・カリキュラムは，市民にとって必要な知識や技能，見方考え方を組織的に編成することを意味するが，それを児童生徒がどのように学ぶのかについては多様な方法がある。逆に，教授—学習過程と呼ばれる指導や学習および評価の方法は，教科内容や教材さらには学習者である児童生徒一人ひとりによって異なってくる。この点をふまえて，本書では3つの研究領域ごとに分けることをせず，統一的に扱うこととした。

　具体的には，本書は8章から成り，大きくは以下の内容にまとめられる。第一は，「第1章　教育方法の歴史と課題」「第2章　教育課程の歴史と今日的課題」「第3章　教育のグローバル化と教育方法の課題」といった歴史的および現代的課題である。教育方法やカリキュラムの歴史は近代教育学の歴史でもあり，コメニウスやヘルバルトといった思想的な背景を概観するとともに，教育のグローバル化やOECD2030といった将来に向けての課題についても扱う。

　第二は，「第4章　いま求められる授業観の転換」「第5章　評価の視点から見たカリキュラム構成と学力形成の課題」「第6章　子ども理解に基づく学級経営と生活指導」といった，教育方法やカリキュラムにおける基礎理論についてである。教材研究，発問，学力，学習集団づくり，学級経営といった授業を支える原理とともに，「主体的・対話的で深い学び」，構成主義，協働学習，パフォーマンス評価，インクルージョンといった現代的課題がここでは扱われる。

第三は、「第7章　カリキュラム・マネジメントの理論と実践」「第8章　教育技術の革新と教育方法学研究の課題」といった、授業実践と関わりの深い側面である。ここでは、カリキュラム・マネジメントや教育工学に関する内容が中心となる。また、特別活動や総合的な学習の時間とカリキュラム研究との関わりについて、あるいはICTや情報活用能力の育成といった情報機器の活用に関する内容も含まれている。

　他の巻と同様に、本書も筑波大学と広島大学の研究者が編集と執筆に携わり、両者の協力体制の下に刊行されている。直接の編集は樋口と吉田があたったが、企画や内容の検討にあたっては、副監修者である広島大学名誉教授・深澤広明先生にも執筆とともにご指導をいただいた。吉田はもとより、樋口も大学院生・助手時代から日本教育方法学会でお世話になっており、深澤教授のご退官の年に、このような形で名前を連ねることができたのは望外の喜びである。また、執筆者の多くは両大学出身の若手教員および大学院生であり、あえて各項目の担当および責任者を両大学からそれぞれ選んだ。責任者間で打ち合わせを何度も行った章もあり、各章へと導入する「リードQ」を両大学との協働で練り上げ、各章に盛り込むことができた。これらの交流が単に両大学関係者の交流に留まらず、教育方法学の分野での大きな学術交流と学界の発展につながることを期待している。Q＆A形式は大学院の入学試験対策等にも活用可能であり、どのような問いを立て、その問いに応答していくのかという若手研究者の感性は、これから研究者を目指そうとする読者にも伝わるのではないだろうか。

　新型コロナウイルス（COVID-19）下の学校においては、授業も根本的な考え方の転換が迫られている。隣との距離を離して、なるべく声を出さずに授業を受ける。それどころか、教室に全員が集まることなく、コンピュータの画面を通して教師あるいは児童生徒どうしが交流する。そのような状況下では、映像技術の専門家が作成した教材が、著名な指導者によって提示され、それをコンピュータに秀でた技術者が操作すれば良いことになりかねない。「教師」が必要な理由はどこにあり、教員免許状を有する専門家として授業で何をすれば良いかが、いまこそ問われているのではないだろうか。本書のQ＆A一つひとつが、そのような大きな問いに対する理論的な解答となることを願っている。

　2021年4月

編者　樋口直宏・吉田成章

目次

第3章　教育のグローバル化と教育方法の課題

第4章　いま求められる授業観の転換

第5章　評価の視点から見たカリキュラム構成と学力形成の課題

第6章　子ども理解に基づく学級経営と生活指導

第7章　カリキュラム・マネジメントの理論と実践

第8章　教育技術の革新と教育方法学研究の課題

第1章　教育方法の歴史と展開

▶ リードQ1　教育方法の歴史を学ぶ意味について述べなさい

1.　過去による現在の理解

「パパ，歴史は何の役にたつの，さあ，僕に説明してちょうだい」。

これは，アナール派の創始者の一人であるマルク・ブロック（Marc Bloch, 1886-1944）の『歴史のための弁明―歴史家の仕事―』という著作の「序文」冒頭に記されている文章である。この一文は，歴史を学ぶ者や歴史を研究する者に歴史を学ぶことの意味を問いかけている。

本書第1章は，「教育方法の歴史と課題」という題目のもとに，教育方法の歴史に関わる8つの問いが設定されている。具体的な問いについては，目次や以下の各問を参照してほしい。それでは，これらの問いを学び追究することには，どのような意味があるのであろうか。ここでは，「過去による現在の理解」と「現在の自明性の問い直し」に着目しながら，教育方法の歴史を学ぶことの意味について整理する。

第一は，「過去による現在の理解」についてである。マルク・ブロックによれば，「現在に対する無理解は，どうしても，過去に関する無智からうまれる」という。この考えに基づくならば，教育思想や教育方法，また学校教育制度の歴史を学ぶことを通して，現在生じている教育上の課題についての理解をより深めることが可能になると考えられる。本章では，たとえば「Q3　近代学校教育制度の成立と教育方法の展開について述べなさい」という問いとそれに対する答えが記されている。その後半では，一斉教授が普及した理由を，近代学校教育制度の成立や普及という社会的背景と関係づけながら説明している。

こうした項目に見られるように，教育方法の歴史を学ぶことの意味とは，ただ単に過去どのような教育方法が提唱されていたかを覚えることにあるのではない。またその意味は，ただ単に教育方法の歴史に対する読者の知的好奇心を満たすためにあるのでもない。教育方法の歴史を学ぶことの意味は，過去を知ることを通して，現在実践されている教育方法や教育実践の意義や課題につい

ての自身の理解を深めることにある。

2.　現在の自明性の問い直し

第二は,「現在の自明性の問い直し」についてである。福井（2006）によれば,「現在の歴史性を明らかにしようとすることは, 表現を換えれば, 現在の自明性を問い直す, ということ」でもある。このように考えるならば, 学生にとって教育方法の歴史を学ぶことは, 現在学校において実践されている教育やその方法が昔から当たり前のように行われていた方法ではなかった, ということにつながるであろう。

こうした自明性の問い直しは, 教育や学校のあり方を考え直す契機となる。現在の学校には, 教員も子どもたちも当たり前のように感じている教育観や教育方法があるであろう。たとえば, 学校という制度や, 子どもの個性や興味を重視する考えなどである。それらは, 過去においても当たり前のことであったろうか。教育界では, それらをいつ頃から当たり前のことと思うようになったのであろうか。このような問いは, 教育方法の歴史を学ぶことで深めることが可能になる。

ただし, こうした学びは, 読者が問いを持っていなくては可能にならない。本章で設定されている以下の問いは, 学びを導く問いとなるであろう。

参考文献

福井憲彦（2006）『歴史学入門』岩波書店。

マルク・ブロック（讃井鉄男訳）（1956）『歴史のための弁明　—歴史家の仕事—』岩波書店。

（村井輝久）

リードQ2　教育方法の歴史と展開を捉える視点について述べなさい

　教える術としての教育方法の探究は，古代ギリシアのソクラテス（Socrates, BC470-399）に端を発する。ソクラテスは，問答形式で弁証法的に真理を探究する発見的方法としての産婆術を実践した。しかし教育方法の歴史について論じる際には，そのほとんどが17世紀，つまりコメニウス（Comenius, J. A. 1592-1670）以降から語られ始める。なぜなら，教育方法の歴史と展開は，近代的な学校教育の構想とともにあり，その起点がコメニウスにあるからである。それ以降，近代学校の構想とともに教育方法の体系的な展開が始まるのである（Q1，Q3参照）。

　近代学校の成立とともに生まれる教育方法の自覚的な発展の原初的な形式は，教授者による学習者（子ども）の理解に応じた教育方法を作りあげていくというものである。具体的には，コメニウス，ペスタロッチー（Pestalozzi, J. H. 1746-1827）による「直観教授」の思想に代表されるように，人間の事物の認識方法に応じて教育方法が開発された（Q2参照）。またヘルバルト（Herbart, J. F. 1776-1841）が教育の目的を倫理学に，方法を心理学に求めることで教育学を体系化しようとしたように，心理学による人間の認識様式の解明は教育方法を作りあげて行くための起点となっていた（Q5参照）。改革教育学においても，子どもの興味や関心に根ざした自己活動こそが事物や世界の認識において重要であると理解されたからこそ，体験的な教育方法が積極的に用いられたのである（Q4参照）。つまり一方では，人間の認識様式などの学習者（子ども）についての理解に応じて教育方法は発展してきたのである。もちろん，認知心理学や脳科学の発展が教育方法の新たな展開をもたらしているように，現代においてもこの考え方は有効である。

　子ども理解の問題とともに，教育内容をいかに捉えるのかという問題も教育方法の発展に大きな役割を果たしてきた。「教育の現代化」においては，科学技術の急速な発展の中で「学問の構造」が教育方法にとって重要であった（Q6

参照）。つまり，科学者が科学的・学問的なプロセスを経て新たな事柄を発見するのと同じように，子どもたちも学問の構造を学ぶために，科学者と同様の認識過程を通るという発見的な教育方法が考案されたのである。学問の構造とは決して単一なものではなく，固定的なものでもない。数学の本質とは何か，化学の本質とは何かという問題には多様な解釈が存在する。教科の基礎となる専門科学に対する認識が異なっていれば，それを学ぶための教科での教育方法も自ずと異なってくる。わが国において多くの民間教育研究団体が創設されている。例えば国語では，教育科学研究会国語部会，「読み」の授業研究会，文芸教育研究協議会，児童言語研究会などがあり，各々が様々な教育方法を提案してきている（Q8参照）。教育方法の多様性は，国語を支える科学—文学，言語学，コミュニケーション論など—に対する認識が異なっているために生じるものである。すなわち，もう一方では，教育内容の捉え方とともに教育方法は展開してきたのである。

　したがって，教育方法は決してそれ自体では存在せず，学習者についての理解の発展や教育内容やそれを支える学問の発展とともにある。それゆえ，教育方法の歴史と展開を捉えるためには，その教育方法の背後にいかなる子ども観や学問理解が存在しているのかを洞察することが重要となってくる。

　しかしながら，教育方法は学習者や教育内容に関する認識から自動的に導かれ従属的に決定される，というものではない。「教育方法の歴史と課題」が本章で描かれているように，教育方法は教授の受け取り手である学習者や教授の内容から相対的に自立した体系としても存在しうる。だからこそ教育方法について学ぶことによって，学習者（子どもの）やその認識様式についての理解を深め，教育内容やその背後にある学問に対しての洞察を更新することができるのである。子ども理解や教育内容に応じた教育方法を用いながら，その教育方法を用いることによって，自らの子ども観や学問観を更新していく。このような「方法」意識の自覚こそが，専門職としての教師の力量の中核を形成しているのである。

（松田　充）

Q1 教育方法学の成立と展開について述べなさい

　教育学は，近代において誕生した学問である。その歴史は，長い間，教育方法学の歴史でもあったと考えられる。教育方法学は，コメニウス（Comenius, J.A. 1592-1670）やルソー（Rousseau, J.-J. 1712-1778）などの思想家によって形作られ，展開された。それでは，教育方法学はなぜ成立したのであろうか。また教育方法学は，どのような課題に取り組んだのであろうか。ここでは，これらの問いについて，以下の2点に着目しながら整理する。

　第一は，人為によって人間を人間へと育て上げるという考えが芽生えたことである。西欧中世の人間形成論は，主にトマス・アクィナス（Aquinas, T. 1225頃-1274）に代表されるスコラ学の考えによって支えられていた。スコラ学では，人間の自然本性が神の似姿へ向けての可能性と捉えられている。この考えによれば，人間の徳は，神の恩恵と人間の努力や習慣によって形成される。その前提には，人間が自己を神に向け，神を愛することによって神との一致に至ることが可能になるという考えが見られる。

　だが，スコラ学は次第に影響力を失う。その背景には，ルター（Luther, M. 1483-1546）やカルヴァン（Calvin, J. 1509-1564）などによって展開された宗教改革運動がある。この運動には，人間と神との一致の可能性を否定する考えが見られる。なぜなら，彼らによると，人間のなかの神の像は破壊されているからである。

　このような思想は，人間形成を神の恩恵に頼るのではなく，人間が人間を人間へと育て上げるためにはどのようにすればよいかという課題を生み出すことに結び付いた。コメニウスは，このような課題に取り組んだモラヴィアの思想家であり，『大教授学』や『世界図絵』などの著書で知られるフス派の牧師である。コメニウスによれば，「教育されなくては，人間は人間になることができない」。『大教授学』では，こうした課題に応えるための方法として，一斉教授の方法や教授内容の系統化などが主張されている。

　第二は，自律した個人を育成することが教育上の課題になったということで

ある。西欧中世の時代には，地縁的，血縁的，宗教的な共同体が形成されていた。近代以前において，人々は共同体の一員として生活するように定められていた。それに対して，近代の社会とは，市民社会や近代国家などの新しい共同体が形成された社会である。

　こうした社会では，新しく形成された共同体を担う人間を育て上げる必要があった。そこで目指されたのは，自律した個人の育成である。自律した個人の育成は，市民社会や近代国家の形成にとって必要不可欠な営みであった。

　ルソーは，こうした課題に応えようとしたフランスの思想家であり，『エミール』の著者として知られ，「子ども」を発見したことでも有名な人物である。ルソーにとって，近代の社会とは「有徳な人」によって担われるべき社会であった。「有徳な人」とは，「自分の理性に，良心に」したがって生きる人間を意味する。ルソーの考える教育とは，このような有徳な人を育てるための営みであった。

　教育方法学は，このように人為によって人間を人間へと育て上げるためにはどのようにしたらよいかという，スコラ学の影響力が失われたことによって生じた教育上の課題を解決するために成立したのであった。

参考文献

菱刈晃夫（2009）「第3講　キリスト教と教育」今井康雄編『教育思想史』有斐閣。

コメニュウス，J.（鈴木秀勇訳）（1962）『大教授学（1）』明治図書出版。

中内敏夫（1988）『教育学第一歩』岩波書店。

ルソー，J.J.（今野一雄訳）（1963）『エミール（下）』岩波書店。

（村井輝久）

Q2 教育方法における直観の役割について説明しなさい

　直観（Anschauung）とは，具体的な対象の観察によって得られた感覚的な印象を通して対象の本質を認識する方法を指す。したがって，直観は具体的な事物の観察から出発して抽象的な概念の獲得に進むという帰納法的な認識過程を辿る。教授学の伝統の中で直観は言語の暗記や暗唱に傾倒していた注入主義的な教育への批判から，近代教育学思想における教授原理として表れてくる。直観が教授原理として自覚されることで，子どもは知識を注入される受動的存在から，感覚を働かせ認識を獲得していく能動的存在へと転換されていく契機をえた。直観原理を主張した主な教育思想家としては，コメニウス（Comenius, J. A. 1592-1670）やペスタロッチー（Pestalozzi, J. H. 1746-1827）の名前を挙げることができる。

　コメニウスは抽象的な概念を提示する前に具体的な事物をもって感覚に訴えかけるという新しい教授方法を導き出した。コメニウスは認識の源泉を人間の感覚に求め，教授対象をできるだけ多くの感覚にさらすことを教授の黄金律とする感覚論的直観教授論を提唱した。コメニウスにとって知識とは感覚を通して得られるものであり，したがって学習は事物の観察から始められ，観察によって得られた認識が言語によって表現されるという順序を経る。すなわち，コメニウスによって教授における子どもの感覚の役割が発見され，子どもが事物を自らの感覚を通して対象化し認識を形成するという学習のあり方が打開された。コメニウスの教授論は『大教授学』で論じられていると同時に，世界最初の絵入り教科書『世界図絵』として結実している。『世界図絵』の特徴は教授内容としての事柄や事物を，それらを示す文字とともに絵画によって表している点にある。それゆえ，子どもは教授内容を視覚的な認識を通して獲得することができる。

　コメニウスによって事物や感覚を重視した教授方法が打開されたことは，子どもが感覚を通して自身で対象と向き合うことで自己の世界観を形成していく

教授のあり方の思索へと継承される。コメニウスによって自覚された教授における事物や感覚の役割を継承し，直観に基づく教授の一般的過程を定式化したのがペスタロッチーである。ペスタロッチーは直観を人間の認識の基礎とみなし，単に事物をできるだけ多くの感覚にさらせば良いといった感覚論的で事物主義的な立場を乗り越え，事物をいかに見るかといった「見方」としての直観のあり方とその人為的な形成に関心を向けていた。すなわち，ペスタロッチーにとって直観は単なる諸感覚による認識というよりも，事物の本質を捉える「見方」を意味しているのである。そのため，ペスタロッチーは本質を捉える「見方」を育てるための教授技術を求め，「自然力としての直観」を人為的手段によって形成する直観教授を構想した。直観教授とは事物の基礎的な要素を「形・数・語」とみなし，それらを「直観のABC」として認識と教授の基礎的手段とする方法である。具体的には「形・数・語」に対応する3つの基本能力，形の意識の源としての感覚的な表象能力，単位の意識や計算能力の源としての明確な表象能力，言語能力の源としての音声の力を育成することを陶冶の基礎とすることで，教授における直観の役割を積極的に認めていた。

　コメニウスやペスタロッチーによって主張されてきた教授における直観の役割はその後の教育思想や教育実践に影響を与え，視聴覚教育のための教授メディアの普及や生徒の感覚と経験の範囲を拡大するためのカリキュラムへの自己活動の導入へと展開した。しかしながら教授学における直観の意義は，ただ映像や音声を用いて視覚や聴覚といった諸感覚に訴えかける教育方法の発展へと展開したという点だけでなく，子どもにものの「見方・考え方」を，すなわち対象に「対して（an）目を向ける（schauen）」ための枠組みをいかに形成していくかといった認識形成のための理路を切り開いた点にも認められるべきである。

参考文献

石井正司（1981）『直観教授の理論と展開』明治図書出版。

深澤広明（1994）「近・現代における授業理論の展開」恒吉宏典編『教職科学講座5　教育方法学』福村出版。

（安藤和久）

Q3 近代学校教育制度の成立と教育方法の展開について述べなさい

1. 近代学校の成立

　学校とは，生活から離れた特別な時空間を設けて文化伝達を組織化した場である。学校の起源自体は古く，古代メソポタミア文明期やエジプト文明期には，既に存在していたと考えられている。ただしそこに通うのは，一部の為政者やその周辺の人びとに限られていた。それは，もともと学校が書記官を養成するための場であったからである。農耕社会において，人びとは余った農作物を蓄え始めた。支配者層は，人やモノを管理するための手段として文字を用いるようになり，文字の学習を効率よく行う場を必要とした。学校は，そうした社会的な要請に応えるために作られた。

　それに対して，近代学校は一般の人びとを対象とした学校である。近代学校が成立した背景には，2つの革命がある。第一は，市民革命である。市民革命を経て成立した国民国家では，社会を統治するために，教育によって「国民」という共通のアイデンティティを有した国家の構成員を育成する必要があった。第二は，産業革命である。産業革命による技術革新によって生産規模が急速に拡大した社会では，生産効率を高めるための労働力を効率よく育成することが教育上の課題としてあった。近代学校はこうした課題に対応するために，18世紀末から19世紀頃に成立し普及したのである。

2. 近代学校における文化伝達の方式とその展開

　近代学校の課題は，国民や労働力を効率よく育成することであった。一斉教授は，こうした課題に応えるための方式として考え出された文化伝達の方式である。このような方式が登場する過渡期には，モニトリアル・システム（助教法）やギャラリー方式と呼ばれる文化伝達の方式が行われていた。

　モニトリアル・システムとは，19世紀にイギリスのベル（Bell, A. 1753-1832）とランカスター（Lancaster, J. 1778-1838）が開発した教授法で，助教と呼ばれ

る複数のモニターを用いて，それぞれのモニターが複数の生徒に教授を行う方式である。教授するのは教師ではなく，学業成績の優秀な生徒のなかから選ばれたモニターである。教場では，壁沿いにいるモニターの所に，生徒を能力別に分けて集める。それぞれのモニターは，生徒に対して読み書き計算を教えた。教場の前方中央には，ジェネラルモニターと呼ばれるモニターがいる。ジェネラルモニターとは，生徒がきちんと勉強に取り組んでいるかを見張るとともに，モニターがきちんと教授しているかを監督する立場にあるモニターのことである。教師の役割は，そのジェネラルモニターに指図することであり，厳密にいえば一斉教授ではない。

　こうした方式には，多くの子どもに知識を効率よく教えるための工夫が見られる。第一は，「要素への分解」という原理である。たとえば，読み方の学習では，文字が直線文字，曲線文字，斜線文字に応じて分けられ，算術の学習では，四則演算が桁数に応じて分類された。第二は，「易から難へ」という原理である。それは，教える内容を単純な問題から複雑な問題へと排列して生徒が理解しやすいように工夫することである。

　それに対して，ギャラリー方式とは，1人の教師が多数の生徒に対して教授を行う方式である。それは，一斉教授の原型を形作った。この方式は，モニトリアル・システムを批判するかたちで登場した文化伝達の方式であった。具体的には，モニターによる道徳教育と宗教教育の限界や，1つの教場内に多くのクラスが存在することによって生じる騒音問題などへの批判である。ギャラリー方式は，教師が実際に教授するという方式をとることにより，これらの問題を解決しようと試みたのであった。

　一斉教授は，以上のような二つの文化伝達の方式をもとに考え出された。

参考文献

デイヴィッド・ハミルトン（安川哲夫訳）（1998）『学校教育の理論に向けて――クラス・カリキュラム・一斉教授の思想と歴史』世織書房。

柳　治男（2005）『〈学級〉の歴史学――自明視された空間を疑う』講談社。

（村井輝久）

Q4 世界における新教育運動の歴史を概観しなさい

1．新教育運動の成立と展開

　新教育運動とは，一般的には1890年代頃から1920年代頃までの時期を中心に展開された教育改革運動のことを指す（英語圏では「進歩主義教育」，ドイツ語圏では「改革教育学」とも呼ばれる）。新教育運動は，一国一地域の運動ではなく，欧米を出発点としながらも日本を含むアジア圏にまで至る国際的な運動として展開された点に大きな特徴を持つ。

　ヨーロッパにおける新教育運動は，イギリスのレディ（Reddie, C. 1858-1932）が開いた「アボツホルム寄宿舎学校」において，知育のみならず身体的，道徳的な発達を含めた全人的な教育が行われたことに端を発する。その後，教育改革の波はヨーロッパ中に，そしてアメリカや日本といった遠く離れた国々へと波及していくことになる。例えば，ドイツでは，のどかな田園地域で子どもの社会的・集団的教育を志向したリーツ（Lietz, H. 1868-1919）による「田園教育舎」や異年齢の子どもで編成された学級における共同体教育に取り組んだペーターゼン（Petersen, P. 1884-1952）の「イエナプラン」などが挙げられる。さらに，フランスでは，自発的なグループ活動を通じた人間性の教育を企図したフレネ（Freinet, C. 1896-1966）の教育などが，イタリアでは，子どもの発達レベルに応じて適切な環境を整えることで，子どもの自発的な活動を引き出そうとするモンテッソーリ（Montessori, M. 1870-1952）の実践などが現れていった。また，アメリカではシカゴ実験学校において，子どもの興味・経験に根ざした教育を展開したデューイ（Dewey, J. 1859-1952）や「プロジェクト・メソッド」を体系化したキルパトリック（Kilpatrick, W. H. 1871-1965），および子どもの興味に応じた個別学習システムとしての「ドルトン・プラン」を考案したパーカースト（Parkhurst, H. 1887-1973）などの名前が挙げられる。

　このような様々な学校改革が新教育運動として一括りにまとめられるのは，上記の学校改革や実践に共通した特徴が見られるからである。それは，教師中心的な旧い教育へのアンチテーゼとしての「児童中心主義」である。新教育運動においては，大人の立場からではなく，「子どもから」教育を捉えることが

20

重視され，子どもの個性，興味，自発性が重視されるべきであること，また知識偏重の教育ではなく，他者とのかかわりのなかで，自らの経験を通して，意味ある学習がなされるべきであるということが求められた。

2．日本における新教育運動の展開と現在

　「子どもから」を合言葉にした教育改革の波は日本にも大きな影響を及ぼした。大正期には，沢柳政太郎の成城小学校や羽仁もと子の自由学園など，「個性尊重」「自学・自治」を掲げた先進的な私立学校が設立された。また，子どもの習熟度や興味関心に応じて指導する「分団式動的教育法」（及川平治）など教育方法やカリキュラムのレベルでも新しい実践が考案されていった。このような日本における新教育運動の展開は「大正自由教育」と称される。第二次世界大戦に突き進む中で，新教育運動は一旦衰退していくことになるが，戦後の教育改革においては再び勢いを増すことになる。民主的な社会の建設のために，子どもの個性や主体性を重視する教育方法が求められ，子どもの生活に根ざしたカリキュラムを編成するコア・カリキュラムや問題解決学習といった教育方法が大きな広がりを見せた（「戦後新教育」）。

　新教育運動は現在もなお我々の教育制度や教育方法に強い影響を及ぼしている。例えば，幼児教育では，フレネ教育やモンテッソーリ教育を冠する園は今なお数多く存在している。また，近年では異年齢の子どもで学級を編成し，子どもの主体性に応じて学習を進めるイエナプラン・スクールが日本でも開校されつつある。さらには，特定の「〜プラン」や「〜教育」という名称を冠していなくとも，「教育は子どもの個性・興味・主体性を重視しなくてはいけない」という理念はもはや我々には疑う余地も無いほどに当たり前のものになっている。高等学校や大学でさえアクティブ・ラーニングが求められる現在の日本の状況は，新教育運動が単なる歴史的遺物ではなく，現在の教育制度や教育方法の自明の前提として生き続けていることを示している。

参考文献

長尾十三二編（1988）『世界新教育運動選書別巻1〜3』明治図書出版。
中野光（1968）『大正自由教育の研究』黎明書房。　　　　　　　　（熊井将太）

Q5　ヘルバルト主義教育学の歴史的および現代的な意義と課題について述べなさい

1.「それでもお腹はヘルバルト」

　ヘルバルト主義教育学とは，ヨハン・フリードリッヒ・ヘルバルト（Herbart, J. F. 1776-1841）の教育思想を受け継ぎ発展させた教育学の総称である。それは，ドイツのヘルバルト学派（Herbartianer）と呼称される教育学者たちによって中心的に担われた。19世紀，社会の近代化が進み，学校教育が制度として体系化されていくなかで，ヘルバルト主義教育学は世界中で絶大な人気を誇った。その「メッカ」＝聖地であったイエナ大学には，欧州はもちろんアメリカ合衆国，南アメリカ，エジプト，南アフリカ，オーストラリア，そして日本といった国々から，先進的な教育の理論と技術を学ぼうと学生が押し寄せた。彼らがいわば「インフルエンサー」となることで，ヘルバルト主義教育学は，世界中の学校教育に理論的・実践的な影響を与えたのである。

　明治期の日本においても，ヘルバルト主義教育学の学校教育への影響力は大きかった。それは，東京帝国大学の御雇外国人教師エミール・ハウスクネヒト（Hausknecht, E. 1853-1927）の講義を媒体として，教育学の理論と学校現場へと伝播していった。これにより教育現場に浸透した授業の形式段階論に対しては，「五段階教授で汗水たらし，それでもお腹はヘルバルト」なる諧謔的な歌も詠まれたという（山本1985：73）。これは当時のヘルバルト主義教育学の影響力の大きさを物語ると同時に，授業を形式的に進めることに教師は苦心するが，それでも授業は実のあるものにならないという批判も込められている。実際のところ，「ヘルバルト主義」という語感には，機械的・画一的といった否定的なニュアンスが，今でも付きまとっている。ここでは，こうした一種の偏りをいったん解きほぐし，ヘルバルト主義教育学の意義と課題を過去と現在という視点から再整理する。

2.　ヘルバルト主義教育学者＝ヘルバルト学派とは誰か

　ヘルバルト主義教育学があるのだから，ヘルバルト主義教育学「者」，つま

りヘルバルト学派がいる。しかし，いったい誰がそこに該当するのかということについては，実はかなり不鮮明であり，ヘルバルト学派の定義自体が，1つの学術的なテーマになっている。日本ではトゥイスコン・ツィラー（Ziller, T. 1817-1882）とヴィルヘルム・ライン（Rein, W. 1847-1929）の両名がよく知られている。しかし両者ともに，学祖ヘルバルトからではなく彼の弟子たちから教えを受けた「孫弟子」である。さらに，デュースブルク・エッセン大学の研究チームがインターネット上に公表したデータバンクには，約700人ものヘルバルト学派の著作約7,000点がリストアップされている。そしてそのうち40人が，著作数と知名度の点から主要なヘルバルト学派とみなされている（https://www.uni-due.de/herbartianismus-forschungsstelle/Onlinerecherche.shtml）。

ドイツ以外にも，ヘルバルト主義教育学の伝道師はいた。アメリカ合衆国ではチャールズ・マクマリー（McMurry, C. A. 1857-1929）やチャールズ・デガーモ（DeGarmo, C. 1849-1934）がヘルバルト学派として活躍した。日本では，谷本（たにもと）富（とめり）（1867-1946）がヘルバルト学派の筆頭である。彼はハウスクネヒトの講義を受けることでヘルバルトの教育思想に出会い，その教えの普及に努めた。彼の主著『実用教育学及教授法』（1874年）は，「嗚呼（ああ）ヘルバルト」というポエム調の書き出しで有名である。

このように「ヘルバルト学派」のメンバーは実に多様であり，彼らが学祖ヘルバルトから何を学び，何を発展させたのかということも実に様々であった。しかし教育方法という点で，ヘルバルト主義教育学は現在の学校教育に影響を残し続けている。特に今に遺る代表的な「発明品」の一つが，授業の形式段階論である。

3. ヘルバルト主義教育学の「発明品」としての形式段階論

授業の形式段階（Formalstufen）論とは，授業を始めから終わりに向かう時間的連続体（シークエンス）としてとらえ，この連続体をいくつかのステップに分節化するという授業の構成方法である。こんにち日本の学校では，「導入」・「展開」・「まとめ」という3ステップで授業の指導案をつくることが多い。このように授業を形式的な時系列において構想して実施する方法を理論的に体系化したのが，ヘルバルト学派の教育学者たちであった。

ヘルバルトは自著『一般教育学』の中で，人間が様々な物事に興味を抱き，それを多面的に理解する心理的なプロセスを踏まえ，「明瞭」（学ぶ対象を個別の要素に分けること）・「連合」（分けた要素同士の違いを区別すること）・「系統」（要素同士の関係性をつくること）・「方法」（関係性を別の構造や状況にも当てはめてみること）という4段階を提示している（Herbart 1806）。

ヘルバルト主義教育学は，このヘルバルトの教授段階を個別の授業にも応用可能な道具としてパッケージ化した。特にツィラーとラインの2名による形式段階論が有名である。ツィラーは，ヘルバルトの4段階を忠実に受け継ぎつつも，最初の明瞭を「分析」（生徒が既に知っていることをあらかじめ教師が把握しておくこと）と「総合」（それを踏まえて新しい教材を提示すること）の2つに分け，分析・総合・連合・系統・方法という段階を示した（ツィラーの5段階教授論）。ただし厳密にいえば，彼自身は「分析」と「総合」を一体のステップとして考えており，「4つの形式段階」（Ziller 1876:239）としていた。そのため「5段階」という表現は正確とはいえない。

ラインは，ツィラーよりもさらに教師向けの実践的な形式段階を発明している。それが「予備」・「提示」・「比較（ドイツ語では結合）」・「概括（あるいは総括）」・「応用」の5段階である（Rein 1890:111）。これは，新しい学習課題への導入（予備）・新しい課題を示す（提示）・新しい課題を既に学んだことと関連づける（比較）・新しい課題をまとめる（概括）・学んだことを別の事柄に当て

表1-5-1　様々なヘルバルト学派の形式段階論

	1	2	3	4	5
ヘルバルト	明瞭	連合	系統	方法	
ツィラー	分析　総合	連合	系統	方法	
ライン	予備	提示	比較	概括	応用
デルプフェルト	直観	比較	思考	概括	応用
ザルヴュルク	誘導	表現	整理		
フリック	提示	加工	応用		
ヴィルマン	経験的契機：把握	合理的契機：理解	技術的契機：活動		

（Wiederhold 1981 407a-407b を筆者が整理した）

はめてみる（応用）というステップとなっている。

　もちろんヘルバルト主義教育学の形式段階論は，これら2つのみではない。多様なヘルバルト学派の数だけ，形式段階論もまた様々に練られていた。表1-5-1は，ヘルバルトおよびヘルバルト学派の主要な形式段階の一覧である。

4．今に生きるヘルバルト主義教育学の「遺産」
　　―財産と負債のはざまで

　現代の学校に形式段階論が生き続けているように，ヘルバルト主義教育学が現在の学校教育のあり方に及ぼした影響は少なくない。形式段階論の他にも，学級という集団での授業方法の開発，教員養成のためのゼミナールの発明，そして科学としての教育学の体系化など，我々はこんにち，ヘルバルト主義教育学の「遺産」を知らず知らずのうちに多く受け取っている。

　しかしながら，形式段階論は授業の画一化・形骸化をもたらすことがよく批判され，学級集団はその過度な同質性が指摘されている。大学での教員養成にはさらなる実践的指導力の育成が要求され，そして「教育学は科学的なのか」という疑義がしばしば内外から提起される。人は，親の財産ばかりでなく負債も「遺産」として相続する。この意味で現代のヘルバルト主義教育学の「遺産」は，財産と負債という2つの顔を併せ持っている。

参考文献

Johann Friedrich Herbart（1806）: *Allgemeine Pädagogik*. Göttingen.

谷本富（1894）『実用教育学及教授法』六盟館。

Tuiskon Ziller（1876）: *Vorlesungen über Allgemeine Pädagogik*.Leipzig.

山本正身（1985）「日本におけるヘルバルト学派教育学の導入と展開」『慶應義塾大学大学院社会学研究科紀要』25, pp. 67-74。

Karl A. Wiederhold（1981）: Die Artikulation des Unterrichts. In: Twellmann, W.（Hrsg.）: *Handbuch Schule und Unterricht. Band 4.1*. Düsseldorf. S. 406-427.

Wilhelm Rein（1890）: *Pädagogik im Grundriss*. Stuttgart.

（田中　怜）

Q6 発見学習に代表される「教育の現代化」の特徴と課題を述べなさい

1.「教育の現代化」の特徴と課題

　「教育の現代化」の契機となったのは，1959年のウッズ・ホール会議での議論と言えるだろう。そこでは，アメリカの初等，中等学校での自然科学教育の改善について議論がなされた。この議論の報告書という形でブルーナー（Bruner, J. S. 1915-2016）によってまとめられた『教育の過程』において，現代の科学技術の急速な進展を受けて，その最新の成果を学校教育に取り入れようとする「教育の現代化」が提案されている。

　「教育の現代化」においては，まず，学問の構造が重視される。というのは，教育の目的は，学校で学んだことを子どものその後の生活に役立たせることであって，そのためには一般的あるいは基本的な学問の構造を子どもに理解させ，それを別の文脈に転移させることを見通す必要があるからである。

　ブルーナーによれば，こうした学問の構造は，科学者がそれを科学的・学問的プロセスを経て発見するのと同じように，子どもたちによって発見される必要がある。ただしそれは，必ずしも科学者と全く同じような形式的言語等を伴うわけではなくて，子どもなりの発見の仕方で，である。科学者の科学・学問と，子どもの教室での学びとの違いは質的なものではなくて，程度の違いである，とされた。

　日本においても，遠山啓（1909-1979）らを中心にした数学教育協議会や，科学教育研究協議会，板倉聖宣（1930-2018）らを中心にした仮説実験授業研究会などの民間教育研究団体が，学問の系統性を重視したカリキュラムや授業を提案した。例えば，板倉は，授業書を，読む→予想する→討論する→実験する，という科学のプロセスをそのまま教室に持ち込み，発見的に学習する授業を展開した。ここに，アメリカの「現代化」の影響が及んでくることとなる。1968年の学習指導要領では，よりいっそう教育内容の現代化が進められた。

　課題として，「教育の現代化」が「教育内容の現代化」のみにとどまったと

いう事態が挙げられる。それは，内容が増大したところで，それを教える側の経験不足のため，発見学習に至るようなプロセスに仕上げることができにくかったという問題である。教育内容の現代化は，発見学習というプロセスを欠くと，結果として単なる詰め込みに陥った。

2.「教育の現代化」の今日的継承

「教育の現代化」は過去のものとして終わらせて良い問題ではない。今日における「教育の現代化」を考えなければならない。

現代社会が抱える諸課題，例えば，原発・エネルギー問題，環境問題，生命倫理の問題，多様なマイノリティの問題などは，従来の科学・学問の枠のなかだけで解決しえないトランスサイエンスな問題である。こうしたトランスサイエンスな問題に取り組むことこそ，現代科学の使命であり，その構造を学校での学びにおいても持ち込むことが求められている。

新型ウイルス禍で，多くの人々に，経済か生命尊重か，が問われている。まさに，多くの科学・学問が結集して，トランスサイエンスで追究されなければならない課題である。学校での学びか，安全・安心か，というように，学校で学ぶことの意味が問い直されている状況にあって，こうした問題に取り組み，学ぶことが，リスク社会における科学・学問の有り様を提起し続けることになり，そのことが学校での学びの意味を再定義することになるだろう。こうした現代的な問題こそ，科学的・学問的に問う価値があり，科学的であるからこそ，発見的でもある。

参考文献

J・S・ブルーナー（鈴木祥蔵・佐藤三郎訳）（1963）『教育の過程』岩波書店。

佐藤三郎編（1972）『ブルーナー理論と授業改造』明治図書出版。

池内了（2014）『科学のこれまで，科学のこれから』岩波書店。

子安潤（2013）『リスク社会の授業づくり』白澤社。

（樋口裕介）

Q7 教育と科学との結合および教育と生活との結合との関係について述べなさい。

1. 戦後の教育における学力の捉え方

　教育と科学および生活との関係については，主に1960年代以降の学力論争に学ぶことができる。当時は，広岡亮蔵（1908-1995）の学力モデルに焦点が当てられていた。広岡は態度を学力構造の中に位置付けて，「知識層」と「態度層」の2つの層がある構造を提唱した。ここでは知識層を態度層が支えており，態度が重視されている。しかしこの考えは，子どもの学習上のつまずきが生じたとき，教科内容や教材の問い直しではなく，学習者の心構えへの直接的な介入を呼び込むことになるという態度主義として批判された（石井，2010）。

　また，同時期に勝田守一（1908-1969）は，測定可能なように組織化された教育内容を学習して到達した能力を学力とする「計測可能性としての学力」を提唱した。勝田は態度よりも認識の能力を重視しており，計測可能な条件として組織化された教育内容であることを挙げている。

2. 教育内容の現代化による「落ちこぼれ」「病める学力」

　一方，スプートニック・ショックを引き金に「教育内容の現代化」が進む中，日本では現代科学の成果を教育内容として構造化し，系統的に学習することを目指すようになった。しかし1970年代になると，過度な学習量をこなす授業についていけない「落ちこぼれ」の子どもたちが問題化されるようになる。さらに，子どもたちがニワトリを描くことを求められたときに，四本足のニワトリを描いてしまうなどの「病める学力」の問題が顕在化する。こうした問題を背景として，再度学力をめぐる論争が起こった。

　この年代の学力論争は，生活と学習を結びつける「教育と生活の結合」の立場と，科学を含む教育内容の習得を重視する「教育と科学の結合」の立場との間で繰り広げられた。前者では坂元忠芳（1931-），後者では藤岡信勝（1943-）が代表的な人物として挙げられる。坂元は，「病める学力」を生み出す要因は，

学校の教育内容以前の「地域の生活の破壊」にあるとして，子どもたちの「生きていく意欲と自主性」の重要性を訴え，子どもたちの発達を支える「生活」を重視した（樋口，2017）。また，生活と学校教育の荒廃によって，生き方がわからなくさせられているという子どもたちの状況に対して，「生きる」ことと「わかる」ことを結びつけることを学力研究の課題とした（石井，2010）。つまり，四本足のニワトリを描いてしまうのは，子どもたちの実生活で動物や自然と触れ合うような「直接的な体験活動」が少ないことが関係しているからだと考えたのである。

坂元に対して，藤岡は鈴木秀一（1929-2015）と1975年に「今日の学力論における二，三の問題―坂元忠芳氏の学力論批判―」を出版した。そこでは，「わかる」こととしての学力に思考力や意欲，努力を結びつけることにより，結果的に「態度主義」と同じようなもの（かくされた態度主義）とみなされるとして，坂元を批判した。そして藤岡は，勝田の「計測可能性としての学力」の考えに基づき，成果が計測可能で組織化された教育内容を学習し到達した能力を学力と規定し，教育内容の科学化を重視した。つまり，四本足のニワトリの問題に，直接的な体験活動は関係なく，鳥類の進化などの科学的な知識が適切に教えられていないことが関係していると考えたのである。坂元は，勝田の学力論から，学力と人格の関係を問う課題を導出したが，結果として，学力論を発達論・能力論に解消する傾向を持ち，藤岡は，勝田の学力論に着目したが，結局，学力論を教育内容論に解消することになった（石井，2010）。

参考文献

樋口とみ子（2017）「学力問題と学力論―「生き方」との結合をめざして―」田中耕治編『戦後日本教育方法論史（上）―カリキュラムと授業をめぐる理論的系譜―』ミネルヴァ書房，pp.127-146。

石井英真（2010）「学力論議の現在－ポスト近代社会における学力の論じ方」松下佳代編『＜新しい能力＞は教育を変えるか―学力・リテラシー・コンピテンシー―』ミネルヴァ書房，pp.141-178。

（古賀竣也）

Q8 民間教育研究運動の果たした意義と今日的課題について述べなさい

　日本では，戦前から教師，研究者，保護者らが自主的，自発的に集い，教育実践や研究を進める団体を結成してきた。各団体は，機関誌の発行や定期的な研究集会の開催などを通して教育の理論的，実践的研究を進め，民主的で科学的な教育の実現を目指す研究運動を行ってきた。教師の自発性，無償性に支えられながら教師が主体となって展開される民間教育研究運動は，諸外国ではほとんど見られず，優れた教育実践や教育研究を生み出す原動力となってきたのである。

　戦後すぐには，民主主義教育の建設という戦後教育の課題に対して，歴史教育者協議会，社会科の初志をつらぬく会，コア・カリキュラム連盟，日本綴方の会，教育科学研究会などの民間教育団体が（再）結成された。これらの団体は，平和と民主主義を求めて教育研究を進めていった。1958年の学習指導要領改訂以降，教育への官僚統制が強まっていく中でも，「生活と教育の結合」「科学と教育の統合」を目指して，自主的な教育課程の編成や教育方法の開発が取り組まれた。「水道方式」（数学教育協議会）「にっぽんご」（教育科学研究会国語部会）などの教育内容の新たな体系化，「ものとその重さ」（仮説実験授業研究会）「わらべうたのソルフェージュ」（音楽教育の会）といった新たな指導プランなどが開発された。さらに，信濃教育会や上越教師の会など各々の地域の教育課題に取り組む民間教育研究団体の活動も活発になった。全国各地で大小多くの民間教育研究団体が組織され，研究運動が盛んに展開された。

　1980年代になると，それまでの活況に対して，社会的なムーブメントしての民間教育研究運動は下火になっていった。しかし現在でも，日本民間教育研究団体連絡会に所属している団体は，地道ながらも確かな活動を続けている。このような民間教育研究運動から一線を画するものではあるが，教師の教育技術の開発とその普及に焦点化した「教育技術の法則化運動」は，現在，TOSS（Teacher's Organization of Skill Sharing）として最大の教育研究団体となってい

る。

　以上のような民間教育研究運動の果たしてきた意義として，第一に，教育の理論的な研究だけではなく，教師が研究の主体となりながら，教育実践を具体的な研究対象とした民主的で科学的な教育実践の創出を教育学研究として展開してきたことがある。第二に，優れた教育理論や実践を作りあげて行くために，教師，教育学者，保護者，様々な分野の専門家が集い，協働していく体制を作りあげてきたことがある。第三に，民間教育団体によって生み出された先駆的な教育理論や実践が，国の教育政策にも大きな影響を与えてきたことにある。例えば「総合的な学習の時間」は，1998年の学習指導要領改訂によって各学校に取り入れられたが，民間教育研究運動の中で子どもの生活を基礎とする「総合学習」は，それ以上の長い蓄積がある。また2017年の学習指導要領改訂で用いられた「教科の本質」という言葉は，1950年代に「科学と教育の結合」の中で，民間教育研究団体によって生み出されたものである。

　今日，多くの民間教育研究団体が会員を漸次的に減らしていっており，また機関誌の発行回数と部数も減らしてきている。学習指導要領において「長年にわたり積み重ねられてきた教育実践や学術研究の蓄積を生かし」ていくことが謳われる中で，民間教育研究運動によって生み出されてきた優れた教育実践や理論をいかに継承するのかが最大の課題である。各団体の相互交流はもちろん，「官」と「民」の枠を超えて議論を行い，その蓄積を団体の外に開いていくことが重要になるだろう。

参考文献

大槻健（1982）『戦後民間教育運動史』あゆみ出版。

柴田義松（2009）『教科の本質と授業―民間教育研究運動の歩みと実践―』
　　　日本標準。

日本民間教育研究団体連絡会 https://minkyouren.jimdofree.com/（2020年3月
　　　25日閲覧）。

（松田　充）

第2章　教育課程の歴史と今日的課題

▶リードQ1　教育課程の歴史を捉える問いを挙げなさい

　教育課程は，少なくとも狭い意味で近代学校教育成立期からの200年間，答えの出ない問いを巡って議論を積み重ねてきた。この問いはコメニウス（Comenius, J. A. 1592-1670）の「大教授学」（1657年）に掲げられた「omnes omnia docere：あらゆる人にあらゆる事柄を教授する」に照らして「公教育は，全ての子どもたちに何をこそ教えねばならないのか」と定式化できよう。強調をした部分にこの200年間の教育課程論史のあらゆる思考と努力と論争が詰め込まれている。

　この問いに対して，時代や社会，そして各々の哲学思想ごとに様々な解が示されてきた。我々の時代には国語，算数といった教科が設定されているのはなじみ深い。しかし第二次世界大戦下ドイツでは体育が学校教育の最重要項目に，大正期日本では郷土（人文地理／自然地理）がカリキュラムの中心に置かれることさえあれば，広義でみれば，中世の教会学校は「宗教的信条」や「情操」が，あるいは自由七科が学ばれるべき正典とされてきた。さらにいえばロック（Locke, J. 1632-1704）が貴族の子弟に，ペスタロッチー（Pestalozzi, J. H. 1746-1827）が貧しい子どもに向き合ったように，あるいは20世紀中葉までのアメリカでは人種によって学校を分けることが裁判によって「separate but equal：分離すれども平等」とされてきたように，「全ての子ども」という観念それ自体が歴史の中で多様に形作られてきた百面相を持つのである。

　本章では，上述の問いを巡って蓄積されてきた教育課程論史を紐解く。いわば，この根源的な問いに答えるために経ねばならない論点を提示する。その論点を散り散りバラバラなものとせずに，ある程度の整理と体系化を図れば，以下の３つの問題領域から教育課程論の論点を俯瞰することができよう。第一に教育課程の原理的考察の論点，第二に教育課程編成を実践する際の論点，第三に教育課程を改革する際の論点である。

0．総論：教育課程ってなんだ？

教育課程という語を当然のように用いたが，この言葉それ自体の意味が何か

をまずは考えねばならない。それは詳しくはQ1において，「カリキュラム」という類縁する語との対比で検討がなされる。そこでは教育課程とカリキュラムの総論的な視野が述べられ，顕在的・潜在的カリキュラム（Q7）など，重要概念の整理がつけられる。

1．教育課程編成の原理：系統主義と経験主義

学問への導入，社会への適応，自律，人間性，子どもの主体性など教育の理念を彩る諸概念に導かれて教育課程の編成原理は定められる。本章では教育課程編成史でも特に二項対立的に描かれてきた経験主義と系統主義が取り上げられる（Q2）。生活綴方（Q8）はとりわけ経験主義的な編成原理の典型とも捉えられよう。

2．教育課程編成の実践：国家から教師までの縦の次元

教育課程の編成はその実践において「ポリティクスのせめぎ合う場」だと言われる。というのも上述の経験主義と系統主義の二項対立が，まさしく現実の学校教育の方針を定める時，そこには多くの教育上のアクターの信条の対立と交渉が生まれるからである。そうした教育課程編成の実践を学習指導要領の変遷（Q3）の国家次元から教科書編成（Q6）の民間の次元までの縦軸で捉えていく。教育課程の編成は学校，教師一人ひとりの授業実践にまでつながっていくが，その点は教育方法と技術に関する章が応答してくれよう。

3．教育課程編成の改革：教科をどう捉えるか

教育課程が時代ごとに千変万化するといったように，教育は改革を自らに背負い込んでいる。その中で長らく教育課程の柱となってきた教科の解体と構造転換の論点を取り上げる（Q4，Q5）。

これらの論点が教育課程の歴史と共に紐解かれる。それを読めば，これらの論点が，過去に片づけられた問題ではなく，まさしく今日においてもなお応答と刷新の求められる問いであることが分かるだろう。古くて新しい問いの中で教育課程の像は結び直されている。

（宮本勇一）

リードQ2　現在の教育課程上の対立から浮かび上がる教育的な問いの所在について述べなさい

1．内容論（「何を学ぶか」）と能力論（「何ができるか」）の対立

　冒頭では教育課程の過去（歴史）から本章で取り扱う8つの問いの布置関係を捉えた。それぞれが「古くて新しい」問いである以上，これら8つの問いは今の教育課程をめぐる問題とも相即不離（そうそくふり）の関係にある。そこで以下では，現在先鋭化している教育課程上の論点を通して，本章の各問いの位置づけを確認してみよう。ここで取り上げる論点とは，教育課程における内容論（「何を学ぶか」）と能力論（「何ができるか」）のアクチュアルな対立である。

　日本の教育課程（「教育課程」の意味内容についてはQ1を参照）には，教科の科学的な内容を筋道立てて学ばせる「系統主義」と，子どもの実生活から学習内容を構成する「経験主義」の対立が存在していた。子どもが「何を学ぶか」という内容論上の争点から，両者の対立は戦後長きにわたり繰り返されてきた（両者の主張の中身についてはQ2とQ3を参照）。

2．教育課程にとっての能力論の意義と特徴

　ところが2000年前後，系統主義と経験主義の対立を根底から覆す出来事が起きた。国際学力調査PISAの登場である。この学力調査の特異な点は，子どもたちの持っている知識の量（何を知っているか）を測るのではなく，知識を新しい場面で応用する能力（何ができるか）を測定の対象としたことにある。国際ランキングにより創り上げられた世界的潮流に乗じようと，2000年代以降，日本の教育政策は「何を学ぶか」の内容論から「何ができるか」の能力論へと軸足を大きく変えることになった（これについてはQ3を参照）。

　内容論に比した能力論の特色は，知識をただ持っているだけではなく，それを使いこなせなければならないという考えにある。子どもたちは国語や算数（数学），理科や社会で単に知識を身につけるだけでは不十分であり，それらを実生活の中で自家薬籠中（じかやくろうちゅう）のものとすることができなければならないという

わけである。そうした能力の育成のために，教師が授業の内容を実生活と関連
づけることや，子どもたちが習得した知識を実生活に似せた「真正な」＝ホン
モノの文脈で活用することが推奨されている。ただしこうした発想それ自体の
歴史は古い。「形式陶冶（Formale Bildung）」や「教育的教授（Erziehender
Unterricht）」，「生活綴方」（Q8を参照）といった伝統的な概念の中にも，実
生活に結び付いた学習や知識の活用といった要請がみられる。

3. 能力論への批判と課題

　期待の高まりに反して，あるいはそれと比例するかのように，能力論に対す
る批判の声もまた少なくない。「何ができるか」を強調する能力論は，イン
プットよりもアウトプットの量や質に力点を置きがちである。そのため，結果
にばかり重きを置く成果主義や弱肉強食の市場主義の原理と親和的であること
が指摘される。また，知識の内容を不問に付して目に見える行動を促すこと
は，形式的なスキルトレーニングになってしまうとの懸念もある。このことか
ら，能力論の重視は教科の軽視であると見なされる場合がしばしばある（「教
科」の意味内容についてはQ5とQ6を参照）。
　そもそも，授業内容を実生活に近づけることや，授業の中で知識の活用を促
すことで，学校での学習は学校外の現実と結びつくのであろうかという疑念を
拭い去ることもできない。学校の中でホンモノとして提示される現実は，特定
の視点から選び取られ構造化されている以上，人為性や作為性（ウソらしさ）
をどうしても含みこんでしまう。この意味で子どもたちは，授業の中で「真正
な生活の文脈」という名のニセモノの現実につき合わされることになる。「こ
れがホンモノの現実だ」と指さす教師の意図と，それに向かい合う子どもの理
解は，常に一致するとは限らないのである（これについてはQ7の「隠れたカ
リキュラム」と「顕在的カリキュラム」の差異を参照）。
　以上のように本章で取り扱われている8つの問いは，いずれもが現在の内容
論と能力論の対立に諸課題に通じている。それぞれの問いの連関や共通性，対
立や矛盾を意識しながら，教育課程の問題に考えをめぐらしてほしい。

（田中　怜）

Q1 教育課程とカリキュラムの概念的違いについて説明しなさい

　教育課程とカリキュラムとは，一般的にあまり区別されることなく，原語と訳語の関係として用いられることも多い。教育学においては，教育課程よりもカリキュラムの方が広義であるととらえられるケースも多い。

　まず，学習指導要領上の規定を追うと，1947年の学習指導要領においては，「どの学年でどういう教科を課するかをきめ，また，その課する教科と教科内容との学年的な配当を系統づけたものを，教科課程といっている。」というように，内容の配列・系統，つまり，どのような順序・区分で教えるのかという教育計画の意味で教科課程を定義している。それが1951年になると，「教育課程とは，学校の指導のもとに，実際に児童・生徒がもつところの教育的な諸経験，または，諸活動の全体を意味している。」とされている。教育計画に出会った子どもたちがどのような経験をするのかという計画の実施をも含めた意味になった。カリキュラムを子どもによる「経験の再構成」ととらえるデューイのような「経験カリキュラム」的な考え方が，そこにはある。

　ここで，教科課程と教育課程の違いも整理しておきたい。1947年には教科課程という言葉が用いられた。学習指導要領の内容が教科のみで構成されていたことによる。自由研究においてその後の特別活動にあたる内容は含まれていたが，あくまで教科であった。1958年の学習指導要領では教科以外の活動が教科とは別に必要であることが明記された。

　学習指導要領における教育課程の定義は，1958年以降再び計画という意味で規定され，2017年の小学校学習指導要領解説総則編においては「学校教育の目的や目標を達成するために，教育の内容を児童の心身の発達に応じ，授業時数との関連において総合的に組織した各学校の教育計画である」と定義されている。だから，教育課程を学校の教育計画としてとらえることが多い。

　計画としての教育課程も，学習指導要領のような国レベルの教育課程，それをふまえてつくられる教育計画としての学校レベルの教育課程，それを実施す

る指導計画としての教室レベルの教育課程に区分される。

　カリキュラムという用語は，計画のみならず，より広範なものを含む概念として用いられることが多い。第一に，学習指導要領等およびそれらをふまえて作成される学校の教育計画やそれにもとづく指導計画（意図したカリキュラム），第二に，それを実施する授業のプロセス（実施したカリキュラム），第三に，その結果として子どもに経験されたもの（達成したカリキュラム），といった3つのレベル全体を含むものとしてカリキュラムは用いられる。

　なかでも，達成したカリキュラムに目を向けると，そこには潜在的カリキュラム，あるいは，隠れたカリキュラムと呼ばれるものが含まれる。それは，教育する側が明確には意図していないが子どもに達成されているもののことである。潜在的カリキュラムには，教育する側が明確には意図していないが無意図的・暗黙的に期待している事柄（例えば，規則・規範・規律への従順な態度）もあれば，教育する側の意に反して伝わってしまう事柄（例えば，差別意識や偏見，イデオロギーなど）もある。この区分が重要なのは，潜在的カリキュラムが，意図したカリキュラムの達成に影響を与えることがあるからである。例えば，どんなに平等や人権をカリキュラムのなかで指導していても，教師の差別意識や偏見の結果，潜在的カリキュラムとしてそうしたネガティブな要素が身につけられしまうことがある。

　計画としての教育課程を作ればそれで終わりではなくて，それがどのように経験されるのかという見通しを持って，カリキュラムを構成することが求められる。その際，潜在的カリキュラムにまで配慮する必要がある。

参考文献

安彦忠彦（2019）「カリキュラムとは何か」日本カリキュラム学会編『現代カリキュラム研究の動向と展望』教育出版。

J.デューイ（市村尚久訳）（1998）『学校と社会・子どもとカリキュラム』講談社。

（樋口裕介）

Q2 経験主義と系統主義の関係について述べなさい

　経験主義や系統主義は，学習指導の原理を考える上で重要となる2つの考え方である（樋口ら，2002）。学習指導には，「問題解決学習」や「発見学習」「探究学習」など，様々な様式がある。また，近年話題になっている「アクティブ・ラーニング」もその一つである。学習指導の原理とは，これら一つ一つの学習指導の背景にある考え方をいう。つまり，学習者の中に学習を成立させるために，教師がどのような働きかけをするべきか，教材はどのようなものを使用するべきか，学習者と教師の関係はどうあるべきかといったことを考えるための基盤となるのが，学習指導の原理である。

　本節では，学習指導の原理の中でもとりわけ重要な2つの考え方である，経験主義と系統主義について両者の関係を踏まえながら説明する。

1. 経験主義と「問題解決学習」

　経験主義は，学習者の学習において，学習者の生活経験や興味を重視する考え方である。この考え方には，19世紀末から20世紀初めにかけて世界的に展開された教育改革運動が色濃く反映されている。当時，それまで一般的に行われていた教師主導で教科書中心の教え込みの授業は，学習者の興味関心や発達を考慮されていないとして批判にさらされた。その批判の先に出てきたのが，学習者中心の自然性や生活を重視した教育を推進する運動である。

　この運動の中心的な指導者であったデューイ（Dewey, J. 1859-1952）は，学習者の生活や実社会と結びつかなくては意味のある学習にならないと考えた。彼は，学習者が生活場面において自らの必要や興味に基づいて目的を持った活動を展開し，その質を高める経験をすることが重要であると主張した。

　このような経験主義的な学習観は新教育あるいは進歩主義教育とも呼ばれ，20世紀のアメリカにおいて指導方法の基盤となった。それは日本にも影響を及ぼし，授業にも盛んに取り入れられるようになる。経験主義を反映した学習指導として，「問題解決学習」が挙げられる。これは，学習者が自身の生活や

経験の中から問題を見出し，その問題の解決に向かう過程で，新たな知識や必要な技能を習得する学習である。その過程では，話し合いや共同作業，制作や表現が含まれる。例えば，劇をする，鳥の巣箱を作成する，ダムの模型を製作するといったように，学習者の生活場面に関連した目的を持った作業を計画し，そうした作業を通じて学習を成立させようとするものである。また，「川の汚染を防ぐには」「ゴミ問題を解決するには」といったような身近な社会問題を取り上げることもある。これは多くの場合グループなどで協同的に調査するなどして，解決へと向かう過程で学習を企図するものである。

　このように問題解決学習は，学習者が問題を自分たちの力で解決する探究の過程を重視し，その過程で知識や技能を学習するという特徴がある。つまり，知識や技能は，問題を解決するための手段として位置づけられる。しかし，学習者の必要に合わせて知識や技能が学習される経験主義的な学習では，科学において重要とされる系統的な知識の習得が軽視され，基礎学力の低下をもたらすという批判が1950年代以降生じるようになった。

　このような批判の背景には，第二次世界大戦後の宇宙開発競争がある。当時，アメリカとソ連の間で宇宙開発の技術が競われており，そのさなか1957年にソ連が世界で初めて人工衛星「スプートニク」の打ち上げに成功する。このことは「スプートニクショック」と呼ばれ，ソ連に先を越されたアメリカでは危機感が高まり，様々な対応策が検討された。その一つに，教育の見直しがある。そこでは，それまでの問題解決学習のあり方が問題視され，科学教育や科学研究を推進していくことが目指されるようになった。こうして，経験主義の考え方を批判する形で広まった考え方が，系統主義である。

2．系統主義と「発見学習」

　系統主義は，日常の生活経験からだけでは習得できない科学的な概念や知識といった学問の体系を，学習者の発達段階を考慮しながら再構成して教えることを目指す考え方のことをいう。つまり，学問の系統性に沿って教授内容が構成される点に，系統主義の特徴がある。系統学習では，経験主義と同様に学習者の自発的な活動も重視される一方で，教師の正当な指導があって初めて学習者に知識・技能が定着すると考えられる。

系統主義の考え方を反映した学習指導として、「発見学習」がある。発見学習は1960年代のアメリカで発展した指導方法で、その代表的な指導者はブルーナー（Bruner, J. S. 1915-2016）である。ブルーナーは1959年にアメリカで開催されたウッズホール会議の議長を務めた人物である。この会議には全米から科学者や理数科教育学者、心理学者などが集められ、当時の自然科学の成果と方法論を学校教育に反映させることを目指した議論が行われた。

　このような中で提唱された発見学習では、科学者が知識を発見する過程を学習者に辿らせる形で、科学的な考え方や科学的法則などを学ばせることが重視された。つまり発見学習では、学習者が自ら問題の究明に取り組み、データを集め、分析し、類似性や規則性、法則性といった一般性を見出すことが目指される。そして、一般性の発見によって、学習者が驚きや喜びといった充実感を感じることで、次の発見につながると考えられた。こうした学習は、知識を系統的に学べるだけでなく、子どもの探究過程を尊重し、問題解決に向かう手立ても学べること、さらに発見の驚きや喜びといった意欲の面にも着目していることが特徴的である。しかし、発見によって学習者が驚きや喜びを感じるためには、発見に至る過程を学習者が自力で辿れるように工夫することが必要であり、実践においては教師の力量が不可欠である。

　発見学習は、科学者育成を目指しており、科学者の研究過程をモデルとして学習方法に取り入れている。発見学習と同様に、科学者の研究過程を学習方法として取り入れたものに、「探究学習」がある。探究学習は、アメリカの生物カリキュラムの一つであるBSCS生物の開発に関わったシュワブ（Schwab, J. 1909-1988）を中心に提唱された。そこでは、実験や観察を行い科学的方法を用いて知識体系を構築していく中で、これまでの理論では説明できないデータの出現など困難に直面した際に、その原因を探したり、新たなデータも含めて説明できる理論を考えたりすることも重要であるとされた。こうした探究学習は、近年理数教育の充実を目指す日本においても注目されている。高等学校における2018年改訂学習指導要領では、「理数探究」が新設されたり、「総合的な学習の時間」が「総合的な探究の時間」として新たに設定されたりしている。

　このように発見学習や探究学習は、科学者育成を目指して科学者の研究過程

を組み込んだ学習方法という点で共通している。科学者の研究過程をたどることで，自ら問題に気づいたり，それを解決する手立てを考え実行したり，集めたデータをもとに考察したりする能力が育成されると考えられている。これらの学習方法が提唱された当初は科学者育成という意味合いが強かったものの，こうした能力は他の学習へ転移したり，科学研究以外の場面でも重要になると考えられたりするようになり，科学者育成だけでなく広く注目されている。

3．経験主義と系統主義の関係

　以上を踏まえて，経験主義と系統主義の関係を改めて考えると，経験主義を批判する形で系統主義が提唱されるようになったことがわかる。経験主義は子どもの経験を重視するあまり，学力低下の原因と批判された。そして，学問内容を系統立てて教えることを目指した系統主義が台頭した。しかし系統主義は知識注入に陥りやすく，学習内容が日常生活と乖離したり学習内容が高度になりすぎたりするという問題点も指摘される。そのような批判が生じれば，学習者の生活経験を重視する経験主義へと揺り戻しが起こることがある。このように，経験主義と系統主義は相反する考え方ゆえに振り子のように揺れ動きながら，その時々の社会で主張されてきた歴史もある。こうした関係は日本の学習指導要領の変遷にも見ることができる。

　しかし，必ずしも経験主義と系統主義のどちらか一方が台頭するというわけではなく，両者の考え方が共存する場合もあるだろう。現在求められている教育や，今後求められる教育は，どのような考え方を反映したものなのか，今一度検討してみてほしい。

参考文献
長谷川榮（2010）『教育方法学』協同出版。
樋口直宏編著（2019）『MINERVAはじめて学ぶ教職11　教育の方法と技術』
　　　ミネルヴァ書房。

（小林優子）

Q3 学習指導要領の変遷とその特徴について説明しなさい

　学習指導要領は，日本の幼稚園・小・中・高等学校における教育内容の系統と配列の基準である。発行は文部科学省（以下，文科省）であり，学校教育法，学校教育法施行規則に基づいて，各学校・各学年の諸教科の目標・内容・指導上の留意点等がまとめられており，戦前の勅令主義と対比して法令主義という性格を有している。時代ごとの政治的要請や社会的要請，その時期ごとの教育学の学術的知見が反映されるように改訂がおよそ10年ごとになされており，学習指導要領の目標や内容の基準の変化を見ることで時代の変遷や教育の主要課題の変化を見て取ることができる。

　1947年（昭和22年）の学習指導要領は「試案」とつけられ，戦前の上意下達の教育行政を排して，学校での創造的な教育実践の創出を理念とし，同要領を「教師の手引き」に位置付けている。アメリカのデューイ（Dewey, J. 1859-1952）のプラグマティズムの影響を強く受け，子どもの生活と興味および問題解決学習を重視し，教科の他に「自由研究」が置かれていた。柔軟な内容編成となっており，教師の主体性を前提としていることが前文から記されている。

　1951年（昭和26年）改訂学習指導要領（試案）は，1947年の「試案」が戦後すぐの混乱期だったことや，教科編など十分に練られていない部分が多々あったことを受けて，「試案」を引き受けたままの改訂として出された。問題解決学習が引き続き重視され，教科の他に「特別教育活動」（自由研究を引き継いでいる）が設定されることで，教科学習を越えてより子どもの生活の中に根差した教育と主体的な学習に取り組むことが求められるようになった。

　1958年（昭和33年）改訂学習指導要領は，1956年の経済白書の「もはや『戦後』ではない」という文言に象徴的なように，時代の変化と経済成長のための基礎学力保障が主眼となり，内容の系統化を図るとともに，学習指導要領が官報で告示されることとなり，法的拘束力を持つようになった。

　1968年（昭和43年）改訂学習指導要領は，1957年のスプートニクショック

や，アメリカのブルーナー（Bruner, J. S. 1915-2016）の研究の影響を受け，「教育内容の現代化」という世界的潮流の中でますます教育―学習内容の系統性が強められた。特に科学技術の発展を目指して理数系教科の系統的教授が重視されるようになった。

　1977年（昭和52年）改訂学習指導要領では，これまでの系統主義への傾倒から，「落ちこぼれ」や校内暴力，いじめ，難しすぎる授業レベルが問題視され，「ゆとり」のある教育課程編成が求められるようになった。授業時数が削減され，法的拘束力は保ったものの，細部までのカリキュラムを定めない「大綱化」の路線が採られた。

　1989年（平成元年）改訂の只中に冷戦体制の崩壊や，価値の多元化が進み，教科の知識や教養よりも「子どもに＜生きる力＞と＜ゆとり＞を」を全面に押し出した改訂を進めた。生活科が新設され，経験主義的で子どもの生活と興味を重視する改訂となった。

　1998年（平成10年）改訂学習指導要領は，1989年改訂版を引き受けて，＜生きる力＞と＜ゆとり＞を基本路線とし，問題解決学習と教科横断を目指して「総合的な学習の時間」が新設された。学校完全週5日制・教科書削減が2002年より実施されるなど，ゆとり路線が徹底されるものの，2000年のOECDによるPISA国際学力調査の結果を受けて学力低下問題が浮上し，2003年（平成15年）に一部改正が行われ，学習指導要領の内容は「最低基準」であると方針転換を行い，授業時数や授業内容の再増が始まった。

　2008年（平成20年）はPISAショックの影響を受けて，「生きる力」の理念は保たれつつも，基礎・基本の充実がうたわれるようになった。とりわけ言語活動の充実と，同時並行で進められていた2006年の教育基本法改正に伴う道徳教育の推進が図られた。

　2017年（平成29年）学習指導要領改訂によって，道徳教育がより強化され，「特別の教科　道徳」として位置づけられるようになった。また世界同時進行で進むコンピテンシーベースの教育改革は，我が国では「資質・能力」の育成として重視されている。能力論ベースの中に「主体的・対話的で深い学び」という指導上の重点が明示され，学校全体でのカリキュラム・マネジメントの拡充を目指すなど，平成以降のゆとりをめざした学校改革から，次第に学校に求

めることが過重かつ微細にわたるようになってきている。また，能力論で欠落しがちな教科の学びとの関連を保つために「教科の見方・考え方」が導入されている点も特徴的である。

　各改訂の細かな教科配分・目標の変遷等については紙幅上割愛したが，以上をみるだけでも例えば以下のような点について学習指導要領の性格ないしはこれをめぐる議論の論点が浮かび上がる。

　第一に，文部省・文科省がこれを公布・施行してきたことからも明らかなように，学習指導要領の（法的）拘束力の有無・性格を捉えることが肝要である。戦後すぐは「手引き」としての位置付けであった学習指導要領は（法的）拘束力を有するのかどうかという解釈について，早くも1950年代から70年代にかけて激しい論争・裁判が繰り広げられてきた。次第に草の根の教育文化運動が立ち上がり，教育課程編成の主体が誰・どこにあるのかが名目と実質の間でゆらめくこととなった。今日では編成主体は学校にあるという共通理解がなされているが，教師個々の位置付け，国家としての共通規準のあり方など同問題は常に問い直されるべきものと言えよう。

　第二に，経験主義と系統主義の二項対立的な考え方で学習指導要領の性格が捉えられることが多い。様々な解釈の余地も残されているが，戦後の経験主義的な強調点を置いた教育課程のあり方が，学力低下問題や科学に依拠した民主主義像の台頭の中で系統主義へと切り替わり，しかし次第に詰め込み教育や子どもの荒れが問題視されるにつれて経験主義へと切り替わっていくという教育課程の二極間の「振り子」の運動が捉えられる。子どもの生活経験の中から，人類が蓄積してきた文化や科学的知見を見出し探究していくという，両者を統一的に捉えた教授−学習過程を捉えカリキュラムをデザインすることが重要となることもまた同時に踏まえておかなければならない。

　第三に，教育目標に関わる内容ベースと能力ベースの二項対立的性格である。従来学習指導要領は子ども達が身につけるべき（とりわけ教科上の）知識・技能を系統的に配列し，教授するよう定めたものとみなされてきたが，とりわけ2000年頃のPISAショックを受けて，知識や技能を実際に活用する力を育成することが重視されるようになった。「何を学んだか」というインプット重視から「何ができるようになったか」というアウトプット重視のカリキュラ

ム改革が進み，学習目標・教材・評価に至るまでの革新が進んでいる。能力主義の時代には知識内容の欠落が批判的に指摘されることとなるが，ここでもまた従前の二項対立的議論が複雑な形で織りなされていることが観測できる。二点目と同様，子どもの学習プロセスでは，知識を得ないことには何も活用しようもないこと，どのような意味であれ活用されることのない知識は意味を成しえないこと，という互いの関係を捉えて授業の設計を練っていく必要があり，学習指導要領で示される方針・基準をそのようにして実践の中で読み広げていく必要がある。

　以上のような，論点を貫きつつ時代ごとに重みづけを変えてきた学習指導要領の改訂の歴史から得るべき示唆は，近年「不易」と「流行」という言葉で捉えられている。いわく，そのつどの時代と社会の課題に学校教育が向き合い，子ども達の現在と未来の生のために変化と進展をさせていかねばならない部分（「流行」）を常に重要視しておきながらも，しかし社会問題の負担免除として学校教育が芯のない社会の下請け産業に成り下がらないよう，教育の理論と哲学に裏打ちされた理念や指標を保ち続ける部分（「不易」）もまた欠かさざるところである。その点，今日の公教育の目標と内容の体系的基準とされる学習指導要領がそのつどどのような性質や様態をもって方針付けられているかを，学校・教師・教育研究者がよく観察し，理論的・実践的な吟味を重ねていくことが，変わらざる教育学・教育実践の重要な任務となる。

参考文献

安彦忠彦（2017）「学習指導要領の原理的考察と今次改訂の特質」日本教育方法学会編『教育方法46　学習指導要領の改訂に関する教育方法学的検討』図書文化社。

水原克敏（2019）「わが国における学習指導要領の変遷」日本カリキュラム学会編『現代カリキュラム研究の動向と展望』教育出版。

梅原利夫（2018）『新学習指導要領を主体的につかむ—その構図とのりこえる道—』新日本出版社。

（宮本勇一）

Q4　教育課程編成における統合と分化との関係について述べなさい

1．高くて険しい教科の壁

　図2-4-1を見てほしい。これはドイツの風刺画家マリー・マークス（Marcks, M.1922-2014）の作品である。この図では，無数の子どもたちが必死になりながらそびえ立つ壁を乗り越えようと努力している。頂上まで達することができた子ども，壁の上から転落する子，別の子に押しつぶされ踏み台にされている子ども……。彼らを苦しめる壁には，それぞれ「ドイツ語（DEUTSCH）」，「算数（MATHE）」，「芸術（KUNST）」，「言語（SPRACHEN）」，「社会科（SOZIAL KUNDE）」と教科の名前が大書してある。そしてこれら教科の間に，「無駄骨（LEERLAUF）」と「退屈（LANGEWEILE）」の壁が屹立する。学校に通う世界中の子どもたちは日々，「無駄」で「退屈」な壁を乗り越えようと必死である。教科の壁は，高くて険しい。

図2-4-1　「教科カノン」（Marcks 1974）

2．教科の壁を取り払う？―統合論の主張と展開

　それならこんな壁は破壊してしまえばいいのでは―こうしたアイデアを教科の「統合論」と呼ぶとすれば，それは教育学の世界で昔から存在していた。今から100年前にドイツでベルトールト・オットー（Otto, B. 1859-1933）が提唱した「合科教授（Gesamtunterricht）」は，その典型である。20世紀初頭，彼は学校教育に浸透していた強固な教科の区切りと，それに基づいて子どもの学習リズムを束縛する「時間割」を厳しく批判した。子どもにとって，世界とは未分化でまとまった統一体であるにもかかわらず，それを様々な教科によって裁

48

断すれば，世界を広い視野から展望することができない「専門家主義」（Otto 1913 = 1963:123）を蔓延させてしまうためである。これに対してオットーは，あらかじめ授業を教科ごとに区切るのではなく，まずは子どもたちが教室で車座になって話し合い，それぞれの興味や関心に即して対話的に学習を進める授業方法として合科教授を導入した。

　こうしたオットーの発想は，その当時に海を越えて日本にもやってきた。木下竹次（1872-1946）は，奈良女子高等師範学校の教授として，附属小学校で「合科学習」の実践を展開した。教科の垣根が子どもの生活を分断することを危惧した彼は，①小学校低学年では子どもの興味や関心から出発し生活全体を学習対象とする「大合科学習」，②中学年ではより専門的な4つの学習スタイル（研究・談話・遊戯・作業）から生活を学ぶ「中合科学習」，そして③高学年では各教科に分かれつつも自発的かつ生活に基礎を置いた学習である「小合科学習」という，3段階の合科学習を構想した（木下 1928:605-638）。

　日本において統合論が隆盛を極めたのは，第二次世界大戦直後である。敗戦により教育政策が急転換する中で，1948年にコア・カリキュラム連盟（現：日本生活教育連盟）が発足した。「コア・カリキュラム」とは，子どもの生活を中核＝コアとして学習内容を配列する考え方である。その理論的・実践的な旗振り役の一人であった梅根悟（1903-1980）は，例えば次のような同心円的なコア・カリキュラムを提案している（梅根 1949:192-221）。そこでは，「主生活単元」（子ども生活を中心とした授業単元）が中軸となり，そこから「副生活単元」（学習に収まらない掃除やレクレーション活動など），「問題単元」（生活単元の中で出てくる種々の問題を解決する単元），そして最も周辺には「系統単元」（問題解決の中で立ち現れた理論的な法則性や原理を教科の中で学習する単元）が，同心円的に配置されている。

　その後日本では，1970年代ごろに「総合学習」が梅根悟を中心に提案されるようになった。そして2000年には学習指導要領改訂に伴い，「総合的な学習の時間」が小・中学校および高等学校に新設された。これにより，従来の教科の枠にとらわれない教科横断的な学習が推奨された。教科という「壁」を解体し，学校での教えと学びを全体的・総合的に構想しようとする試みは，このように一定の教育的な支持を得ながら今に至っている。

3．なかなか壊れない教科の壁—統合論に対する批判と現在

　ただし，こんにちの学校を見渡してみれば一目瞭然なように，教科の壁は取り払われるどころか，依然として学校での学習を強く境界づけている。

　その理由は様々あるが，ここではさしあたり次の2点を指摘しておく。一つは，教科を抜きにして学校で教授・学習を行うことが極めて困難であるという実務上の理由である。学校で物事を体系的に教えるために，教科という壁は実に使い勝手がいい。言葉を教えたければ国語の時間に，自然事象については理科の時間，社会的な出来事は社会科に，といった具合に学習内容を整理する境界線をあらかじめ引いておくことで，学校は多様な学習内容を，筋道立てて子どもに教えることができる。これと反対に，教科の枠を取り払い授業内容と方法に大きな裁量を付与したのが「総合的な学習の時間」であった。しかしそれは，「何をやればいいのかわからない」という教師からの戸惑いを生み出す要因となった。このように教科には，教授行為の複雑性を縮減する機能があることがわかる。

　教科の壁が壊れないもう一つの理由は，統合論の理論的な性格にある。例えば1970年代の「総合学習」を厳しく批判した城丸章夫（1917-2010）は，子どもの生活経験から出発して物事を総合的・多面的に学習させる方法に対し，「あれこれの知識・技能をバラバラに教えこむ危険」（城丸1975:15）を見て取っている。彼いわく，例えば目の前にあるコップの水という生活経験に根差した学習対象は，たしかに一つの教科のみで教えることはできず，様々な教科で取り扱い可能である。しかしながら，そうして様々な角度からコップの水について授業をしたとしても，それらが子どもの中で自然に互いに結びつくわけではない。むしろ色々教えた結果として，「バラバラな知識にとどまる」（同上）危険性が否定できない。これを懸念する城丸は，教科を解体するのではなく，むしろ教科の授業を徹底することによって，物事を体系的に関連づけて学習させることこそが必要であるとの立場を採っている（同上:13）。

　こうした統合論に対する立場を教科の「分化論」と特徴づけるならば，それは「何を知っているか」から「何ができるか」への転換と特徴づけられる2000年代以降の能力ベースの教育改革でも根強い。一般的に，内容論から能

力論への議論のシフトは，それぞれの教科の固有性の否定ないし軽視に結び付きやすい。「結果として〇〇ができるようになるなら，国語であろうと英語であろうと，何を勉強するかは関係ない」というわけである。しかし日本の教育政策は，各教科領域への心遣いを欠いてはおらず，「その教科等において特徴的に現れる，その教科等ならではのものの見方・考え方」（奈須2017：46）として「教科の本質」を強調している。そこでは，理科には理科的な見方・考え方という「本質」があり，社会科にはそれとは異なる本質的な見方・考え方があると考えられている。こうしたロジックにより教科の壁は取り払われるどころか，ますます固く墨守されているとさえいえる。

4．統合と分化のあいだの緊張関係

　以上のように高くて険しい教科の壁は，今でも強固に維持され続けている。ただしそれは，目の前の「壁」が不動不変であることを必ずしも意味しない。なぜなら戦前の「修身」など，消滅した教科があり，また「総合的な学習の時間」や「生活」のように，新しく造られた教科もあり，さらには一つの教科の中でも，例えば「日本史A」と「世界史A」が「歴史総合」に再編されているからである。崩れぬ壁の改廃は，実のところ今も昔も盛んである。

　教科は消滅しないが不変ではない—ここに教育課程編成をめぐる統合と分化の緊張関係を読み取ることができる。

引用・参考文献

木下竹次（1926）『学習各論上巻』目黒書店。

木下竹次（1928）『学習各論中巻』目黒書店。

奈須正裕（2017）『「資質・能力」と学びのメカニズム』東洋館出版社。

Berthold Otto (1913＝1963) : Gesamtunterricht. In: Karl Kreitmaier (Hrsg.): *Berthold Otto. Ausgewählte pädagogische Schriften.* Paderborn. S.120-132.

城丸章夫（1975）「総合学習について」『教育』11月号，国土社，pp. 13-17。

梅根悟（1949）『コア・カリキュラム—生活学校の教育設計—』光文社。

（田中　怜）

Q5 教育課程編成における教科と領域との関係について述べなさい

　教育課程編成とは，何を教育目的・教育目標とし，どのような領域の内容を（スコープ），どれほどの時間で（時数），どのような順番で（シーケンス），教えるかを計画することである。教育課程は，①学問的要請（教えるべき学問・芸術等の成果や研究方法），②社会的要請（現在や未来の社会が求める資質・能力），③心理的要請（子どもの発達や興味・関心等），④人間的要請（地球規模の問題に対する責任と対応）という4つの要請から編成される。

　日本では，明治5年の学制から第二次世界大戦終結までは，「学科課程」ないし「教科課程」という用語が使われていた。「教科課程」という用語は，1947年版学習指導要領でも用いられたが，1951年版学習指導要領からは「教育課程」という用語が用いられるようになる。この用語の変化は，教育目標の達成のためには教科課程だけではなく教科外課程も重要であるという認識からなされたものである。

　教科課程と教科外課程という2つの領域は，学校教育が担う学力形成（陶冶）と人格形成（訓育）という役割に対応している。教育課程における領域概念は，教育課程における生活指導の位置づけをめぐる宮坂哲文（1918-1965）と小川太郎（1907-1974）の論争を通して一般化された。宮坂は，生活指導を学校教育の全面にわたって機能するものととらえ，その観点から「教科をとおしての生活指導」を提起した。対して小川は，生活指導を機能概念とすれば教科固有の役割が失われると反論し，陶冶を担う領域に教科を，訓育を担う領域に生活指導を位置づけた。生活指導機能論は，生活指導を領域概念とした「集団づくり」論の発展で後景に退いたが，1990年代以降の「学び」論の台頭で再検討が求められている。また小川も，教科指導と生活指導が子どもの「生きかた」に統一されるべきであるという宮坂の主張には賛同している。この論争は，教育課程における教科と教科外の固有性とは何か，それらの領域が子どもの発達においてどのように統一されうるかという問題を提起した。

　では，教科の固有性とは何であろうか。教科の起源は中世における「自由七科」にあり，近代に科学や技術や芸術の成果を学校で教授するべく，それらが内容の特質で区分され，教育的に系統化・組織化されることで教科が成立した。教科の成立背景には学問体系があり，教科の固有性は学問の固有性に依拠する。こうした学問的観点から教科内容を見直す動きが，「教育の現代化」と言われる1960年代の民間教育団体による研究運動である。その一方，「教育内容の精選」も求められてきたように，どのような論理で，何をこそ教科内容とするのかという点は，いまなお問題である。

　さらに，これまでの学習指導要領の変遷のなかで，教育課程における教科と領域の枠組みも変化してきた。1958年版学習指導要領においては，道徳が新たな領域として設定された。1989年版学習指導要領では低学年の社会科と理科が廃止され，「生活科」が新設された。1998年版学習指導要領では「総合的な学習の時間」が新たな領域として設定された。2008年版学習指導要領では，小学校高学年において外国語活動が必修となった。2017年版学習指導要領では，道徳は「特別の教科」となり，外国語活動は中学年で必修化，高学年では教科化された。1996年の中教審答申「21世紀を展望した我が国の教育の在り方について」では，教科の再編・統合にも言及されており，今後も教科と領域それぞれの問い直しが続くと思われる。

　だが，教育課程編成における教科と領域の関係において最も重要なのは，それらが教育目的・教育目標に向かう「コース」としていかに統一されるかである。それゆえ，各教科の固有性はもとより，教科間がどのように連関するのか，特別活動や道徳がどのように連関するのか，総合的な学習はどのような役割を果たすのか，それぞれの研究と統一に向けた研究が求められる。

参考文献

臼井嘉一（2010）『教育実践学と教育方法論—カリキュラム・教科指導・学力を教育実践から問い直す』日本標準。

柴田義松（2010）『柴田義松著作集4　教科教育論』学文社。

日本カリキュラム学会編（2019）『現代カリキュラム研究の動向と展望』教育出版。

（佐藤雄一郎）

Q6 授業における教科書および教材の役割について説明しなさい

1. 授業における「舞台装置」としての教材・教科書

　授業を演劇に例えてみるならば，教師は間違いなく舞台の上の「演者」（アクター）である。それに対して，生徒は演技を鑑賞する「観客」になることも，また教師と一緒に活動する「共演者」として振る舞うこともある。しかし演劇は，演者と観客または共演者だけで成立するわけではない。伝えたい社会的メッセージや感情を，演出として効果的に引き起こすためには，演出を支える適切な舞台装置（仕掛け，小道具，照明など）を欠かすことはできない。授業においてそれを担うのが教材であり，教材の代表格が教科書である。

　教育方法学（教授学）では，教師・生徒・教材（教科書）の関係は図2-6-1のように理解されている。「教授の三角形（Didaktische Dreieck）」と呼ばれるこの図では，教師は生徒に教え，生徒は教師から学ぶ。この両者に加えて第三項として登場するのが教材（教科書）である。すなわち教師は教材（教科書）を作成したり準備する。反対に，教材はその出来不出来によって教師にさらなる改良を促す。この意味で教師は「演者」ばかりでなく，教材の開発と使用を担う「演出家」としての役割も担う。授業において，このように整えられた教材に生徒は取り組み，それを通して知識や技能を得る。

　授業の効果を高めようとするならば，適切な教材や教科書の選択および利用は欠かせない。そのためここでは，演劇の「舞台装置」である教材や教科書が，授業でどのような機能を果たしているのかということについて述べていく。

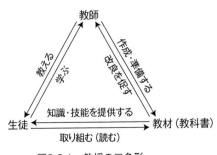

図2-6-1　教授の三角形

２．教科書ができるまで

　読書が好きであろうがなかろうが，学校に通ったことがある人なら，恐らく誰もが手にしたことがある本，それが教科書（正式には「教科用図書」）である。それでは，教科書はどのようにして生み出され，いかなる経路で子どもたちの手に届いているのであろうか。文部科学省のHP「教科書Ｑ＆Ａ」（https://www.mext.go.jp/a_menu/shotou/kyoukasho/010301.htm#01 2020年3月26日閲覧）を参照しつつ，教科書が子どもに届くまでのプロセスを整理すれば以下の通りとなる。

(1) 著作・編集

　子どもたちが教科書を使うためには，まずその教科書が書かれなければいけない。教科書を作るのは，第一義的には民間の出版社である。その出版社の企画の下で，大学の研究者や学校の教員が参加して教科書を完成させる。

(2) 検定

　しかし，どのような出版社のどのような教科書でも自由に教育現場で使用して良いわけではない。他の学術書や教養書，小説や雑誌などと決定的に違うのは，教科書には「検定制度」が導入されている点である。第二次世界大戦以前（具体的には1903年から1945年まで）の日本では，教科書は「国定」，つまり国の作成と編集の権限のもとで子どもたちに支給されていた。しかし敗戦後の1945年以降には，国によって教科書を画一的に統制するのではなく，民間によって作成された教科書を文部科学省がチェック＝「検定」する制度へと移行した。学校で使われる教科書は，この検定に合格しなければならない。

(3) 採択

　無事に検定に合格しても，教科書は授業で自由に使用されるわけではない。どのような教科書を使用するのかということについては，公立学校については各市町村，および都道府県の教育委員会に決定権があり，また国立学校や私立学校の場合には校長に裁量がゆだねられている。こうした「採択」を経た教科書のみが，授業において使用されることになる。

(4) 製造・供給

　検定に合格し，かつ教育委員会や校長により採択された教科書は，印刷され

て子どもたちの下に届けられる。なお，日本では憲法および各種法律により義
務教育教科書無償制度が確保されているため，教科書は無償で子どもたちに提
供されることになる。

(5) 使用

　以上のプロセスを経ることで，はじめて教科書は授業の中で使われる。日本
の小・中学校および高等学校では教科書の使用義務が学校教育法で定められて
いるため，教科書は授業で使用されなくてはならない（一部例外もある）。た
だし授業を教科書に忠実に即して構成するのか（教科書を教えるのか），それ
とも教科書を使いつつ子どもの学習をさらに発展させるのか（教科書で教える
のか）という授業方法をめぐっては，議論がわかれている。

3. 教材は教科書だけではない
——教材づくりの「上からの道」と「下からの道」

　このように，教師は授業において教科書を使って教えなければならない。し
かしそうであるからといって，教科書のみが教材であるわけではない。教師自
らが教材を開発し，それを授業で用いることもできる。
　藤岡（1991）は，教師による教材づくりの方法を「上からの道」と「下から
の道」に分けている。「上からの道」とは，教えたい特定の教育内容（例えば
三平方の定理）から出発して，それを教えるための教材をつくる（例えば折り
紙を使って検証する）という方法である。ここでは，科学的な命題や抽象的な
内容から具体的な教材へと教材づくりが「降りていく」。
　これと反対に「下からの道」とは，生徒の身の回りの事象を教材として取り扱
うことを通して，科学的な定理や抽象的な知識の教授へと「上昇していく」方
法である。この「下からの道」を採るためには，教師自身の日常的な発見や驚
き，好奇心が欠かせない。以下で紹介する授業は，そうした事例の典型である。

4. 教材づくりの具体事例——大津和子の「1本のバナナから…」

　教師による自発的な学習を通して「下から」教材を作り上げた事例として，
大津（1987：80）によるバナナを使った社会科授業の実践がある。この授業は，
大津が人類学者である鶴見良行の新書『バナナと日本人』に出会うことがきっ

かけで生まれた。日本人が当たり前のように日々食べているバナナの裏に隠された世界，つまりバナナのプランテーション農家の過酷な労働状況や搾取の構造に気づいた彼女は，バナナについて書籍などの資料を取り寄せて知見を深めつつ，バナナの輸入プロセスを知るために港や市場に足を運んだ。さらにはバナナ農家の実態を自身の目で確かめるために，フィリピンのミンダナオ島にも実際に足を運んでいる（同上:82-83）。

　こうした研究の積み重ねから出来た授業が，「1本のバナナから…」である。この授業で最初に用いられる教材は「バナナ」そのものである。授業の冒頭，大津は自身で買い集めた様々な種類のバナナを生徒に食べさせる。それを通して，バナナにはいろいろなブランドがあるということ，それらはいずれもフィリピンから輸入されているということ，しかしブランドを管理する多国籍企業のどれもがフィリピンの会社ではないことを彼らに教えていく。そして，用意した統計資料や文章，現地で撮影してきた写真などを駆使して，生徒たちにバナナ農家の実態を理解させていく。最終的には，日本において安価にバナナを食べることのできる彼ら自身の在り方へと，問いの矢印を向けさせていく。大津の授業において「バナナ」という教材は，生徒の視点を身近な日本の食卓から遠いフィリピンのバナナ農家に転換させる演出上の「舞台装置」として，開発・使用されている。

　こうした教材研究と授業実践は，良い教材の開発のためには授業をする教師側の「問い」や「問題関心」が極めて重要であることを気づかせてくれる。もちろん，日々を授業以外で忙殺される教師にとって，バナナ研究に没頭したりフィリピンに行ってプランテーションの実態を観察することは容易ではない。その一方で，これまで行われてきた優れた授業実践の知恵を知り学ぶことや，その中で用いられてきた教材を創意工夫して用いることは，不可能ではない。教科書やそのほかの教材をいかに効果的に用いるのか，ということは，この意味で「演出家」としての教師の双肩にかかっているといえる。

参考文献

藤岡信勝（1991）『教材づくりの発想』日本書籍。

大津和子（1987）『社会科＝1本のバナナから』国土社。　　　　　（田中　怜）

Q7 隠れたカリキュラム (hidden curriculum) について説明しなさい

1. 顕在的カリキュラムと隠れたカリキュラム

　学校では，国語や理科の時間等，意図的に組織されたカリキュラム（顕在的カリキュラム）に沿って子どもたちは学ぶ。だが，この他にも，子どもは学校の中で様々なことを日々学び，経験している。例えば，受験制度の影響を少なからず受ける中等教育においては，そこで学ぶ子どもには，「学習とは競争である」といった学習観が学びとられていることだろう。

　しかし，こうした学習観を教師が子どもに直接語ることはおそらくない。むしろ，教師はこうした学習観を否定し，「全員でできるようになろう」と語りかけながら学習目標への全員到達を目指す姿勢を示しているだろう。それにもかかわらず，子どもには競争的学習観が自然に学びとられているのである。このことは，教師が「教えよう」と意図的に組織したカリキュラムの他にも，生徒の学習に影響を与えている何らかが存在することを示している。

　この存在に焦点が当てられ，その研究が隆盛したのは1970年代で，ジャクソン（Jackson, P. W. 1929-2015）によって最初に用いられた"hidden curriculum"という用語が，わが国では「隠れたカリキュラム」あるいは「潜在的カリキュラム」と訳され，こうした研究の総称として定着している。

2.「隠れたカリキュラム」の展開

　1970年代に隆盛した隠れたカリキュラムに関する研究は，その後，主として，①学校で無意図的に形成される価値観や学校文化について明らかにする研究，および，②顕在的カリキュラム自体に内在する問題点を明らかにする研究として展開した。前者では，学校での学習をとおして，子どもたちが，顕在的カリキュラムにはない様々な価値観や文化（規則や規律を守る忍耐やそれに従う従順さ等）を身につけていることが明らかにされた。後者では，顕在的カリキュラムに隠された社会の支配的イデオロギーが暴かれ，顕在的カリキュラム

が社会階層を再生産する装置となっている実態が明らかにされるなどした。

具体的には，隠れたカリキュラムの研究は，顕在的カリキュラムに内在するジェンダー問題を代表的な観点として今日発展を遂げている。家庭科をはじめ，国語や自然科学系の教科も含めた多くの教科書を研究対象として分析がなされた結果，意図的な性差別的内容は今日の教科書には基本的に見られないものの，無意図的に学習者を不公正へとミスリードする内容が依然として存在していることが報告されている。こうしたジェンダー研究が提起するのは，個別の教科書の内容に向けられた問題意識というよりは，そうしたミスリードを許容する社会のあり方そのものに向けられた問題意識である。

3．他の教育研究との親和性

隠れたカリキュラムは，他の教育研究領域で生かすことのできる包括的な視座となりうる。例えば隠れたカリキュラムは，学習過程や教える側の意図にない学習成果の重要性に目を向ける教育評価研究との親和性が認められる。

実際の学習場面では，教える側は意図していなかったものの，子どもが重要な学習成果を示すことはしばしばある。しかし，意図的に組織された顕在的カリキュラムでは，意図したことが達成されたかどうかに関心が寄せられやすいため，意図しなかった学習成果については無視（あるいは過小評価）されやすいことが指摘されてきた。

子どもが重要な学習成果を示しているのにもかかわらず，それが意図したことではなかったが為に，正当に評価されないという事態は変える必要があろう。隠れたカリキュラムを再考することで，意図していなかった学習成果に目を向ける発見的な教育評価研究の発展が期待できる。

参考文献

安彦忠彦編著（1999）『新版カリキュラム研究入門』勁草書房。

Jackson, P.（1968）*Life in Classrooms*, Teachers College Press.

（北川剛司）

Q8 生活綴方的教育方法の特徴と意義について説明しなさい

1. 生活綴方による子どもたちの生き方の指導

　生活綴方とは，作文教育による知育や徳育を通して，子どもたちの生き方を指導する教育方法である。それは，現実の社会を生きていくための意欲や態度，社会や生活の現実と自分自身を深く認識するための知性，またともに生きる他者が抱える困難や問題に共感する態度を養うことを目的としている。

　この目的に向けて，生活綴方では，次のような方法が行われる。第一は，子どもたちに文や詩を，生活語を用いて綴らせることである。作文や詩作では，子どもたちが日々の暮らしのなかで見聞きしたことや，遭遇した問題が題材として取り上げられる。第二は，子どもたちが綴られた作品を学級のなかでお互いに読み合い話し合うように働きかけることである。それは，子どもたちにお互いの生活の不安や悩み，喜び，悲しみを共有させながら，社会や生活，自身の生き方について深く考えさせるために行われる。

　こうした教育方法が成立した背景には，民衆に対する人間形成上の課題がある。すなわち，子どもたちを，農村共同体を維持するための一人前へと育て上げるという課題である。1920年代以降，特に東北地域の民衆は，度重なる冷害や不況，また資本主義の進展という社会変動による労働力の流出などの社会問題に直面していた。生活綴方は，こうした問題に立ち向かい，農村共同体を再生させる成人へと子どもたちを育て上げるために生み出された。

　生活綴方の大きな特徴は，その指導観にある。生活綴方運動の中心人物である小砂丘忠義（1897-1937）は，「逞しき原始子供」を重んじた。それは，優等生の対極にいる存在である。小砂丘は，子どもたちの「野性的な」振る舞いを，学校の秩序や規範に従属させるのではなく，むしろそれを子どもたちの生活力の発露として捉え，引き出そうとした。民衆にとって，その生活力は農村共同体を維持する上で必要な力であった。小砂丘の生活綴方は，子どもたちの生活力を引き出しながら，それぞれに生き方の指導を行おうとする指導観に支

えられていたのである。

2.　生活綴方による教育の問い直し

　生活綴方は，教育のあり方を深く問い直した教育実践であった。綴られた作品には，子どもたちの日々の生活や内面が表現されている。教師は，作文教育を通して，子どもたちを深く捉えながら，自らの教育を問い直していく。このように生活綴方の意義は，教育活動自体を問い直す考えを生み出したことにある。小砂丘は，子どもたちに対して行われる地理や修身や国語などの全教科や，校長をはじめとする各訓導による全教化，また郷土や国家による全感化が批評を受けるべきであると考えた。

　また国分一太郎（1911-1985）は，「教壇的批評」と「文壇的批評」という言葉を用いながら，綴方作品批評のあり方についての考えを述べた。「文壇的批評」とは，子どもたちの綴った作品を吟味し，優れた作品を取り上げることに熱中する作品批評のことである。それに対して，「教壇的批評」とは作品を学級のなかでお互いに吟味し，共同生活に役立てていくことを目指す作品批評のことである。国分は，特に後者を重視しながら生活綴方の実践に取り組み，子どもたちの生活に結びつく教育のあり方を模索した。

　さらに無着成恭（1927-）は，戦後直後，山形県の山元中学校において，教科書通りに行っていた自身の社会科教育のあり方を問い直した。そこでは，生活綴方の実践を通して，子どもたちの社会認識を育むことが目指されていた。この実践は『山びこ学校』として1951年に出版され，映画にもなった。

参考文献

国分一太郎（1936）「文壇的批評と教壇的批評」『教育・国語教育』6（10），
　　　pp.152-157。

無着成恭編（1995）『山びこ学校』岩波書店。

小砂丘忠義（1932）「全教育合力の上に立つ綴方」『綴方生活』4（8），pp.19-
　　　23。

（村井輝久）

第3章　教育のグローバル化と教育方法の課題

リードQ1　教育のグローバル化を捉える視点について述べなさい

　近年のグローバル化は，国や地域を超えた人々の往来をさらに活発にさせ，世界中のどこにいてもイノベーションに携わることができるグローバル人材の育成が叫ばれている。本章では，教育のグローバル化に際して現場にはどのような変化が求められるのか，グローバル化のもとで目指される「人材像」や「学力像」はどういったものか，という視点から検討することとしたい。そのうえで，教育のグローバル化が抱える課題を認識し，グローバル化の時代にあっても変わらない「不易」の部分とは何か，を捉えていくことが重要であろう。

1．国際バカロレアにおける「知の理論」の授業

　現在，我が国でも，国際バカロレア機構（IBO）の認定を受けた学校が，学校教育法第一条に規定された学校のみでも44校を数えるようになっている。国際バカロレア独自のカリキュラムに沿った教育プログラムは，将来，欧米の大学で学ぶ際やグローバル社会で活躍する際に役立つような，論理的思考力や表現力，コミュニケーション能力などを高校の段階から身に付けられることが最大の魅力であり，その教育の在り方に注目が集まっている。我が国の大学においても，国際バカロレアのスコア等を活用した入学者選抜を導入・拡充する動きが広がっているほか，国際バカロレアのディプロマ（認定証書）は，世界の多くの国々の大学で大学入学資格として受け入れられているため，高等教育における人材交流を促進することにもつながると期待される。なかでも，Q4で説明する「知の理論」の授業では，「知識」を理解し，習得するだけではない新たな「知のあり方」「学習者のあり方」が求められている。国際社会において求められる知識のあり方とはどのようなものなのだろうか。

2．21世紀型スキルとコンピテンシー・ベースの教育改革

　現在，21世紀型スキルやキー・コンピテンシーなど，新しい学力観が世界的

に議論され，世界各国で「重視すべき資質・能力」の制定とそれを中心とした教育改革が進められている。OECDの行うPISA調査によって，「自分の知識や技能をどの程度活用できるか」を示すリテラシーが測定されるようになり，我が国の教育も国際的な学力競争のなかで変容を求められるようになった。学習指導要領（平成29年3月告示）でも，教育を通して「何が出来るようになるか」が重視され，資質・能力を育む「主体的・対話的で深い学び」を重視するという，コンピテンシー・ベースの教育改革が進められている。我が国が育成を目指す「資質・能力」とはいかなるものか，グローバル化において育成が求められるコンピテンシーや，その育成のために行われている教育改革の流れについて，Q6（およびQ8）で説明する。

3. 社会の形成者を育てる ESD の実践

　これからの社会の形成者を育成する教育として注目されるのが，ESD（持続可能な開発のための教育，Education for Sustainable Development）である。ここでは，持続可能な社会の担い手を育むため，地球規模の課題を自分のこととして捉え，その解決に向けて自分で考え行動を起こす力や態度を身に付けるための教育が目指されている。Q8では，ESDの実践の特徴を説明するほか，21世紀型スキルやキー・コンピテンシーおよび国際バカロレアの目指すべき学習者像などを概観しながら，グローバル化のもとで目指される「人材像」や「学力像」の特徴を整理し，授業をはじめとする教育に，今どのような変化が求められているのかを説明する。

（松尾奈美）

リードQ2 教育のグローバル化による教育方法の課題の視点について述べなさい

　教育のグローバル化は教育方法にも新たな課題をもたらし，その課題は複雑かつ多様である。それゆえ，諸課題の関係性やその全体像を捉えることは容易ではない。本章では，教育方法への新たな課題について，「教育政策・教育制度」と「学びの支援」という２つの視点から捉えて検討していく。

1．教育政策・教育制度上の視点

　教育政策・教育制度上の視点として，「教育のスタンダード化」と「新自由主義教育改革」の２つに注目してみよう。

(1) 教育のスタンダード化

　教育のグローバル化がもたらす可能性の一つに多様性がある。従来の教育のあり方に新たな選択肢をもたらす多様性が，同時に価値相対主義的な「中心なき教育」に私たちが陥りかねないという教育課題を生じさせる。この教育課題に向き合う際に私たちが注目すべき教育制度上の視点の一つが教育のスタンダード化である。教育のスタンダード化がもたらす教育の可能性と課題についてはQ1で説明する。

(2) 新自由主義教育改革

　教育のグローバル化とは教育に新自由主義の考え方を取り入れることとして一般に理解されている。新自由主義の特徴である競争の促進，事後監督型行政への移行，自己責任原則とそれを支える情報公開等の仕組みづくり，そしてこれらに通底する規制改革は，わが国の教育にどのような可能性と教育課題をもたらしたのか。教育政策上の視点として注目すべき新自由主義教育改革の帰結と教育方法の課題についてはQ2で説明する。

2．学びの支援への視点

　今日学校教育における子どもに育成すべき「資質・能力」は，「正解の知識を

かみ砕いて伝える教師の指導」ではなく，子どもの「主体的・対話的で深い学びの支援」によるものとされる。そして，その「学びの支援」のために，学校の学びは「本物の学びとは何か」，「本物の学びの授業づくりの手立ては何か」，また「本物の学びの成果はどのように測るのか」という三つの問いから再考を迫られている。以下では，それらの三つの問いの答えを追究する理論について検討する。

(1) 認知的徒弟制と正統的周辺参加──「本物の学びとは何か」

「認知的徒弟制と正統的周辺参加」の理論は，学校で学んでいる知識・技能は，学校の組織だけに通用する特殊なものであるため，その知識・技能は日常の問題状況では利用できないことを大きな問題として捉える。両理論については「学校の学び」と「本物の学び」の違いは何か，また「本物の学び」を実現する教師の役割についてQ5で説明する。

(2) インストラクショナル・デザイン──「本物の学びの授業づくりの手立ては何か」

「インストラクショナル・デザイン」の理論は，教師の役割は子どもに向かって講義・実演することを意味する「teaching」だけでなく，授業づくりの様々な要素（教材選択，学習者レディネスの見極め，授業時間の管理など）から工夫する「instruction」であることを基本前提としている。インストラクショナル・デザインが目指す子どもの学びを最適化する「普遍的で科学的な手立て」についてQ3で説明する。

(3) 量的方法と質的方法──「本物の授業の成果はどのように測るのか」

教師は授業改善の根拠として，毎回の授業において子どもの学びの成果を確認する。その学びの成果を捉える方法として，実験的環境下でデータ収集に適する「量的方法」と，外見的に観察・測定できない新たな課題の発見や原因追究に適する「質的方法」がある。授業改善における2つの方法の相違点と関係性についてQ7で説明する。

（李　禧承／早坂　淳）

Q1 教育のスタンダード化と教育方法の課題について述べなさい

1．教育のスタンダード化の類型

　一般に「スタンダード化」とは，無数の可能性に開かれている（がゆえに時としてそのあり方が定まらない）事象に一定の枠を当てはめて，あるべき姿を浮き立たせることを意味する。教育行政や政策を対象とする分野では，教育のスタンダード化を，日本国憲法や法規・法令による「教育理念の規範化」（マクロ），学習指導要領による「教育課程の基準化」（メゾ），「教育活動や教員の資質能力の具体に踏み込んだ標準化」（ミクロ）に大別している。

(1) 教育理念の規範化としてのスタンダード化（マクロ）

　時代や国ごとに異なる（がゆえにどのようにも展開できる）公教育を，あるべき姿として枠づけている最高規範が日本国憲法と教育基本法である。教育の機会均等（憲法第二十六条），義務教育の無償（同二十六条2）や教育の目的と理念（教育基本法第一章）は，わが国の教育を目的や理念のレベルで枠づけており，これをマクロのスタンダード化に位置づけることができる。

(2) 教育課程の基準化としてのスタンダード化（メゾ）

　文部科学省告示として官報にて公示される学習指導要領が，先のマクロのスタンダード化による教育の目的や理念を背景にして，概ね10年に一度の改訂で具体的な教育実践を導くための教育課程の基準を示しており，マクロとミクロの中間としてのメゾのスタンダード化として位置づけられる。

(3) 教育活動や教員の資質能力の具体に踏み込んだ標準化（ミクロ）

　昨今の教育が語られる文脈で「教育スタンダード化」という場合，一般にはこのミクロのスタンダード化を指す。「教育活動におけるスタンダード化」は自治体レベルで策定される「授業スタンダード」等に見て取れるし，「教員の

資質能力」のスタンダード化は国レベルで設定される「教員育成指針」や「教職課程コアカリキュラム」等に見て取れる。どちらも国や都道府県教育委員会のようないわゆる「上位者」が内容を規定するものであり，「手引き」（ガイドライン）を超えて一定の規範力を持っていると解釈されている。

2．教育方法の課題

　上記でみたマクロ・メゾ・ミクロの三層構造からは，教育方法に一定の水準を設けて無秩序から秩序を生む教育のスタンダード化のポジティブな側面と，他にとりうる可能性を捨象することで教育方法の画一化や硬直化を招きかねないネガティブな側面を共に確認できる。多様な子どもに向き合うために，個々の学校や教師には主体性をもって創意工夫を行い，教育の質を高めつつ多様な教育を展開していくことが求められるが，上位段階にある意思決定者の策定により一定の規範力をもつミクロの教育のスタンダード化の指標が具体的な内容を規定すればするほど，個々の学校や教員による柔軟な教育実践の契機が奪われるおそれがある。ミクロのスタンダード化は，ともすれば学校や教師の研究力を衰退させることにもつながりかねない。教育方法や実践の画一化や硬直化を招かない教育のスタンダード化が目指される。

参考文献

勝野正章（2016）「自治体教育政策が教育実践に及ぼす影響：授業スタンダードを事例として」『日本教育政策学会年報』（23）pp.95-103。

仲田康一（2018）「「スタンダード化」時代における教育統制レジーム—テンプレートによる統治・データによる統治—」『日本教育行政学会年報』（44）pp.9-25。

（早坂　淳）

Q2 新自由主義教育改革の帰結と教育方法の課題について述べなさい

　新自由主義は，市場原理に基づく競争秩序を強化することによって，自由競争の圧力と優勝劣敗の自然淘汰によって経済の活性化，効率化を図ろうとする思想といわれている。新自由主義の改革は，もともと1980年代に，イギリスのサッチャー首相による，電話会社や水道などの民営化という政府の経済的介入を抑制する「小さな政府」の実現，アメリカのレーガン大統領による高いインフレと失業率の解消に向けた福祉予算の歳出削減や規制緩和といった状況に並んで，日本でも推進された。新自由主義教育改革は，戦後の公教育が平等主義的な教育観のうえで成り立っているため，個性や多様性を排除しているという見方から，「教育の自由化」が旗印に掲げられたことを起点として，とりわけ2000年以降，その政策が断行されてきた。

　例えば，教育の目標を「確かな学力」や「豊かな心」を育成しながら「生きる力」を育むこととし，それらにかなった学校目標を各学校に立てさせ，その実現を，個に応じた教育としての習熟度別指導等の義務教育の複線化を通して，競争的に学習させることが課されてきた。実際に習熟度別指導は，個に応じて確かな学力を保障し，少人数で学ぶ楽しさを実感する等の意義もあるが，学びの内容に差が生まれると同時に，学習者間の格差や人間関係が悪化するという指摘もある。また，2007年度よりはじまった「全国学力・学習状況調査」も新自由主義教育改革の一つである。これにより，学校・学級・個人ごとにテスト結果を競わせ，地域によっては全国平均を下回る学校に複数回学力テストの実施を迫るということもあった。こうした新自由主義教育改革は，子どものみに影響を及ぼしたのではない。教師に対しても「目標管理」と「結果責任」「説明責任」を課すと同時に，人事考課による能力別給与制を採用するという動向もあった。

　これらにみられるように，新自由主義教育改革は，行政命令や行政指導を通じて，学校の制度の設計に積極的に介入しながら，学校をより競争的にし，子

どもならびに関係者が競争するような教育・学校体制をつくりあげてきたのである。新自由主義教育改革は，すべての子どもを強制＝義務教育のなかに包摂しながらも，学校教育を通して，勉強ができる，いわゆる「強者」は，社会の中で活躍することを期待されて恩恵を受け，できないもの，いわゆる「弱者」は排除され切り捨てられるという性格を持っている。

　こうした新自由主義教育改革の中で一層問題化したのが，「授業崩壊」「学級崩壊」である。例えば，教師の問いに黙って答えないものに「早く答えろよ」と非難し，授業中につまずいているものに「だからドジだといわれるんだ」と野次る「できる子」の言動が目立つようになったという状況が報告されている。こうした授業破壊の中心にいるのは，学校における競争の中で「勝ち抜く」ことが大切であるという価値観を内面化した子どもたちであるという。このような学級内の競争と排除は，格差・貧困の広がりとともに学級の中でより一層問題化している。

　以上のことから，新自由主義教育改革による教育の自由化のもとで学校に競争原理を持ち込むことは，子どもの能力に応じた学びができるという点ではよいことであるように見えるが，学習者間の格差を生み，平等で対話によって構成される学校空間の解体という帰結をもたらす。成績上位層を育て世界で戦える人材を育成することは経済界にとって必要なことかもしれないが，なによりも子どもの平等を重視した改革への転換が求められるべきであろう。教育方法学は，教科と教科外の指導を通して，子ども相互の競争的な関係性を解消し，さまざまなニーズを持った子どもが学級の中に受け入れられ，共生することができる教育方法を構想しなければならない。

参考文献

梅原利夫・小寺隆幸（2005）『習熟度別授業で学力は育つか』明石書店。

柏木恭典・上野正道・藤井佳世・村山拓（2011）『学校という対話空間—その過去・現在・未来—』北大路書房。

全生研常任委員会企画，竹内常一・折出健二編著（2015）『生活指導とは何か』高文研。

二宮厚美（1999）『現代資本主義と新自由主義の暴走』新日本出版社。

（早川知宏）

Q3 インストラクショナルデザイン (ID) について概説しなさい

1. 授業改善の方法—インストラクショナルデザイン (ID) —

　教師は日々授業改善のために，指導計画を立て授業を実施し，児童・生徒の学習成果を評価し，次回の授業計画を練り直す。ベテラン教師は長年の授業実践を積み重ねることで，他人が容易に真似できない「カン」や「コツ」を体得する。教師の授業改善には‘試行錯誤の経験’が重要であるが，より普遍的で科学的な手立てはないのだろうか。この問いに応える学問が，インストラクショナルデザイン (Instructional Design, 以下ID) である。IDとは，「教育活動の効果・効率・魅力を高めるための手法を集大成したモデルや研究分野，またはそれらを応用して学習支援環境を実現するプロセス」と定義される。これは，教育活動の「効果・効率・魅力」の向上に目的があり，そのための具体的な要素とプロセスがあることを意味している。

2. IDの基本前提とIDモデル

　IDの議論には，3つの基本前提がある。1つ目は，教育活動を1つの「システム」として想定することである。システムとはいくつかの要素からなり，その要素は目的をもって組み合わされている状態・集合体である。そして，1つの要素に問題が生じた場合，すべての要素に影響を与える。このような考え方を「システム的アプローチ」といい，様々な領域で用いられている。2つ目は，教育活動がゴールベースである。教師の指導によって，児童・生徒は学習成果に到達したか否かが授業改善の重要な視点になる。言い換えると，教師の授業改善は教師の「教えたつもり」ではなく，児童・生徒が確実に学習目標に到達することが重要な視点となる。3つ目は，教育活動が常に改善されることである。これは，教師が当初意図した児童・生徒の学習成果が得られなかった場合，教育活動は直ちに修正されることを意味する。

　また，IDでは教育効果を最大限にする要素と，その要素間の最適な関係性

とプロセスを「IDモデル」として示す。そして，もっとも基本的なIDモデル
は以下に示す「ADDIEモデル」（アディーモデル，ADDIEは5つの構成要素の
頭文字）である。

Analyze（分析する）	学習者分析
Design（設計する）	学習目標，学習課題，指導方略，教育メディア，時間の割り当て，評価基準の設定
Develop（開発する）	教材作成，評価道具の開発
Implement（実施する）	授業の実施
Evaluate（評価する）	学習目標に照らして評価，評価結果の各段階へのフィードバック

IDによると，教師は児童・生徒が「効果的・効率的」に学習成果に辿り着く
ことを支援することができ，児童・生徒にとっては分かりやすく，積極的に参
加する「魅力的」な授業になる。したがって，IDは教師の授業改善の手法で
ありながらも，その根底には児童・生徒の学習を保障する学習者中心の授業づ
くりの考えがあるといえる。

参考文献

向後千春（2018）『上手な教え方の教科書―入門インストラクショナルデザ
　　　イン―』技術評論社。
鄭仁星・久保田賢一・鈴木克明（2008）『最適モデルによるインストラクショ
　　　ナルデザイン―ブレンド型eラニングの効果的な手法』東京電機大
　　　学出版局。

（李　　禧承）

Q4 国際バカロレアにおける「知の理論」の指導方法について説明しなさい

　国際バカロレア（IB：International Baccalaureate）の教育は児童生徒が自分自身のものの見方，文化，アイデンティティを振り返り，そして他者のそれに対しても同様に振り返りを行うことを促すことで国際的な視野を育てることを重視している。また，IBの学習者は，平和で持続的な世界への進歩に必要な理解を発展させるために，異なる信念，価値観，および経験に対して価値を見いだし，異なる文化や学問領域を横断的に捉え，協力することを学ぶよう要求される。なかでも，「知の理論（TOK : theory of knowledge）」の授業では，「知識の本質（nature of knowledge）」について考え，「知るための方法（ways of knowing）」や「知識の領域（areas of knowledge）」を探究するという活動によって，「知る人（knower）」としての生徒が自分なりのものの見方や，自分と知識を共有しているさまざまなグループのものの見方を自覚できるように促していくことが求められる。

　TOKとは，16歳から19歳までの大学入学前の生徒を対象としたディプロマプログラム（DP : Diploma Programme）の必修要件の一つである。具体的には，批判的に思考することによって，知るプロセスを探究する授業であり，何か特定の具体的な知識を身につけるための授業ではない。TOKが取り扱うのは知識そのものであり，さまざまな教科において知識がどのように確立されるに至ったのかを考えるとともに，どの教科の間に共通点や相違点があるかを検討する。その際，「どのように私たちは知るのか（How do we know that?）」が最も根源的な問いとされる。すなわち，TOKでは生徒たちが「『知ること』について知る」営みを取り上げることに意義を置いている。その営みとは，私たちが「知っている」と主張することを，いったいどのようにして知るのかを考察するプロセスである。教師は，「私（たち）はXのことを知っている」や「私（たち）はYのやり方を知っている」といった「知識に関する主張（knowledge claim）」を分析し，「知識に関する問い（knowledge question）」を探究するよう

生徒に働きかけていく。そこから「知る人」である生徒は，さらに「知るための方法」や「知識の領域」へと探究を広げていく。

　「知るための方法」とは，TOKによって設定されている，言語，知覚，感情，理性，想像，信仰，直観，記憶といった具体的な探究の方法である。これらのうちの一つの方法が孤立して機能することはほとんどなく，それぞれの「知るための方法」がどのように機能するのか，どのように相互作用するのかは，さまざまな「知識の領域」の文脈や知識を得る「知る人」としての個人との関係性の中で検討される。教師は「知るための方法」を単独の単元として取り扱うのではなく，「知識の領域」の方法論を検討する中であるいはそれらを検討した自然な結果として「知るための方法」を教えなければならない。「知識の領域」とは，個々の知識の分野を指す。「知識の領域」が異なれば，「知識の本質」が異なり，その知識を得るための方法論も異なると考えられるからである。TOKでは，数学，自然科学，ヒューマンサイエンス（人間科学），芸術，歴史，倫理，宗教的知識の体系，土着の知識の体系の8つの「知識の領域」を設定している。

　TOKでは知識を1人または複数の人間によって生成されるものとして見なしている。知識には，1人の個人が到達する成果物であり，個人による知識を意味する「個人的な知識」と，複数の人が協力した結果の成果物であり，集団による知識の所有を意味する「共有された知識」がある。TOKでは「個人的な知識」と「共有された知識」のつながりや相互作用を深く考察していく。また，TOKではこの2つの知識の間のバランスを取ることも重要である。授業において「個人的な知識」を強調し「共有された知識」を犠牲にすれば，生徒の主観的体験を重視するあまり，その個人を超えた広い世界で知識がどのように構築されているかを見ない授業になる可能性がある。反対に「共有された知識」に偏った授業では，「知識の領域」と「知る人」としての個人の間にある重要な関係性を見落とす恐れがある。

参考文献

国際バカロレア機構（2015）「ディプロマプログラム（DP）知の理論（TOK）指導の手引き（*Theory of knowledge guide*（2014）の日本語版）」International Baccalaureate Organization（UK）Ltd.　　　　（松浦明日香）

Q5　認知的徒弟制と正統的周辺参加（LPP）の特徴について説明しなさい

1．本物の学びと学校の学び

　学校教育における問題の1つとして、「学校で学んだ知識が、日常生活の問題解決に役立たない'不活化知識'（inert knowledge）である」ことが指摘されている。この背景には、1970年代までに実験心理学では「学習の転移」（transfer of learning）の効果は限定的であるため、「ある教科（領域）で習得された知識はその教科を超えて他の教科で容易に利用されない」というのが証明されたことがある。加えて、1980年代以降、心理学でも文化人類学的アプローチに基づく「状況学習」の研究が盛んに行われ、一定の研究成果を上げたことも影響している。その「状況学習」の議論における中核的理論が、「認知的徒弟制」（Cognitive Apprenticeship）と「正統的周辺参加」（Legitimate Peripheral Participation）である。

　2つの理論では、本物の学びのモデルを「徒弟制」から抽出している。徒弟制の学びは、生産活動を目的とした組織において、親方と徒弟間の垂直的な関係、また他の徒弟との多様な関係性に基づくものである。そこには意図的な教えによる学びは存在せず、徒弟が生産活動に「参加する」ことを通して技能と知識を学んでいく。一方、学校の学びは、知識に本来備わっている文脈的特徴が排除された抽象的な知識を、教師が子どもたちに効率よく習得させることを目的としている。したがって、学校の学びは学校組織でのみ通用する極めて特殊な状況での学びであるため、子どもたちが日常の問題解決にその知識を容易に利用できないのは必然的な結果であるといえる。

2．実践共同体への「参加」としての学習

　徒弟制の知識・技能の習得が本物の学びの在り方とするならば、学びにおける共同体への参加という「活動」は不可欠なものであり、また両者は不可分の関係にある。この「活動」を学校教育に再現しようとして、認知プロセスを明

示化したのが「認知的徒弟制」である。具体的には，①Modeling（モデリング），②Coaching（コーチング），③Scaffolding（足場かけ），④Fading（足場外し），⑤Articulation（詳述），⑥Reflection（省察）である。また「認知的」の言葉には，伝統的徒弟制の肉体的なスキルを超え，「徒弟制」の技能が学校教育の認知的活動に関連づけられることを示唆している。

　一方，文化人類学的なアプローチに基づいて，従来見過ごされてきた学習の重要な側面に言及したのが「正統的周辺参加」である。その学習は「人が実践共同体に参加することによって，共同体の成員としてアイデンティティを形成する」ことである。初心者（見習い）は正式に共同体への参加が許されており（正統性），最初は中心的な役割を果たすことはできない（周辺性）が，参加の度合いが進むにつれて「十全的参加」（full participation）となり，一人前となる。そして，このような見解は産婆，仕立屋，操舵手などの共同体の観察によって得られたものである。また「正統的周辺参加」はそもそも学校教育の学びを議論の対象としないことから，「認知的徒弟制」のような指導技術に関する検討はなされていない。

　「人が共同体の一員として参加することでしか本物の学びが起こらない」とするならば，学校教育における教師の位置づけの再吟味が必要である。そして，今日「メンターとしての教師」や「反省的実践家としての教師」の議論は，本物の学びを実現するための教師の役割に関する再検討である。

参考文献

ブラウン，J.，コリンズ，A.，ドゥーグッド，P.（杉本卓訳）（1992）安西祐一郎他編『認知科学ハンドブック』共立出版，pp.35-51。

レイヴ・ウェンガー（佐伯胖訳）（1993）『状況に埋め込まれた学習：正統的周辺参加』産業図書。

（李　禧承）

Q6　21世期型スキルとOECD2030における
　　　コンピテンシー概念について説明しなさい

　21世期の目まぐるしい経済的かつ技術的な社会の発展は，従来の学校教育の役割を問い直し，知識基盤社会や情報基盤社会といわれる未来社会で活躍するための能力を子どもにいかに身につけさせるかという課題を提起した。

　21世期型スキル（21st Centry Skills）は2002年に設立された「21世期型スキルのためのパートナーシップ（Partnership for the 21st Centry Skills）」による2003年の報告書を嚆矢とし，ATC21S（Assessment and Teaching of 21st Century Skils）プロジェクトの中で国際的に検討，提案された。ATC21Sでは世界中で開発された21世期型スキルを評価するためのフレームワークの比較分析を通して4つのカテゴリーに分類される10のスキルが見出され，各スキルの知識（Knowledge），技能（Skill），態度・価値・倫理（Attitude・Value・Ethics）の側面を考慮したKSAVEモデルという概念モデルが提唱された。そのカテゴリーは，思考の方法［①創造性とイノベーション②批判的思考，問題解決，意思決定③学び方の学習，メタ認知］，働く方法［④コミュニケーション⑤コラボレーション（チームワーク）］，働くためのツール［⑥情報リテラシー（ソース，証拠，バイアスに関する研究を含む），⑦ICTリテラシー］，世界の中で生きる［⑧地域とグローバルのよい市民であること（シチズンシップ），⑨人生とキャリア発達，⑩個人の責任と社会的責任（異文化理解と異文化適応能力を含む）］の4つである。21世期型スキルは「デジタルネットワークを使った学習」と「協調的問題解決」というスキル領域を明確化した点に新規性があり，社会の変化に対応した学習のあり方の指針となっている。

　他方でOECD（経済協力開発機構）では2015年からEducation2030プロジェクトが進められ，グローバル化や技術革新が進んだ2030年という近未来において子どもたちに求められるコンピテンシーが検討されてきた。本プロジェクトでは従来の3つのキー・コンピテンシーに立脚しながら，新たな価値を創造する力，対立やジレンマを克服する力，責任ある行動をとる力という新たな3

つのカテゴリーが「変化を起こす力のあるコンピテンシー（Transformative Competencies）」として提起された。

　日本では1989年改訂学習指導要領のポイントとなった「生きる力」の理念が，例えば1996年の中教審答申（「21世期を展望した我が国の教育の在り方について」）にも見られるように，激しい変化を伴う社会を担う子どもたちに必要な力として継続的に模索されてきた。とりわけ2017・2018年改訂学習指導要領の方針を示した2016年の中教審答申では，2030年の社会と子どもの在り方を見据えた教育目標の必要性が言明され，2030年に向けた教育の在り方に関するOECDにおける概念的枠組みと親和性を持つ「資質・能力の三つの柱」として，生きて働く「知識・技能」の習得，未知の状況にも対応できる「思考力・判断力・表現力等」の育成，学びを人生や社会に生かそうとする「学びに向かう力・人間性等」の涵養が掲げられている。

　今日の教育は，未来の社会で経済活動を営むための汎用的なスキルやコンピテンシーを志向して改革されることが求められている。社会における効果的なパフォーマンスのための能力育成が中心的な教育目標として設定されることで，人格の完成という人間教育が軽視され，能力の有無に基づく子どもたちの序列化や人材化を招く懸念もある。しかしながら，21世期型スキルやOECD2030におけるコンピテンシーが地球上の全ての人にとって獲得可能なスキルとして提唱されていることから，地球全体で持続可能な開発を目指すSDGs（Sustainable Development Goals）とも関連して，より良い市民社会の実現を意識した授業づくりのための手がかりとなることが期待される。

参考文献

パトリック・グリフィン，バリー・マクゴー，エスター・ケア編（三宅なほみ監訳）（2014）『21世期型スキル—学びと評価の新しいかたち』北大路書房。

OECD（2018）*The future of education and skills: Education2030*. Paris: OECD.

（安藤和久）

Q7 授業研究における量的方法と質的方法の違いについて説明しなさい

1. 研究における量的方法と質的方法の特徴

　授業研究の方法には，数量化したデータを統計的に処理する量的方法と，言語記録等のデータを多角的に解釈する質的方法の2つがある。

　(1) 量的方法の特徴

　量的方法は，数量化したデータを研究対象に関与しないように統制された実験的環境の下で収集し，既存の理論や分析枠組みを当てはめて結果を演繹的に導く研究方法である。量的方法で得られた結果は，特定の文脈を超えた一般性や再現性の有無で評価される。これは，天文学や物理学をはじめとした自然科学から始まった研究方法であり，研究対象を取り巻く現実は，私たちの認識や関与に関わらず客観的に存在するという客観主義的実在論や実証主義の認識論に立脚して，研究が進められる。

　(2) 質的方法の特徴

　質的方法は，研究者が研究対象に積極的に関与することで言語記録等の質的データを収集する研究方法である。得られたデータから，現実を理解するための理論や分析枠組みを帰納的に生成して解釈を紡ぐ。特定の文脈に根ざした解釈は，一般性や再現性よりも妥当性や信頼性によって評価される。研究対象を取り巻く現実は，私たちの認識や関与を通じて形作られるというシンボリック相互作用論や社会構成（構築）主義の認識論に立脚して，研究が進められる。これは，数値化できない事象を研究対象とする様々な学問領域で用いられている。

2. 授業研究における量的・質的方法の活用

　授業研究には，どちらの研究方法が適しているのか。それは，どのような教育現象に着目するのか，明らかにしたい問いは何かによって変わってくる。

　量的方法は，特定の仮説の下で，外見的に観察・測定可能な事象を対象にし

てその因果関係を追究する際に適している。たとえば，授業中の教師の発問頻度と生徒の単元テストの点数の間には何らかの相関があるのではとの仮説の下で行われる授業研究を想定してみよう。量的研究は，発問頻度やテストの点数を変数として数量化したデータを事象の外側から収集し，統計的に処理して仮説を検証し，その結果から一般性や再現性を導くことができる。

　一方で，質的方法は，外見的に観察・測定ができない課題の発見や追究に適している。たとえば，教師Aの発問によって生徒Bの学習意欲がどのように変容したのかという，個人や他者との関係性に潜在する内面的現実を明らかにしたい際には，Bに対してインタビューを行ったり，ノート等を分析したりして言語記録を収集し，当事者の視点を生かしながら理解可能で妥当な現実の解釈を目指す。このようにして質的方法は，個別性や状況文脈に特化した質的データの収集や解釈を通じて，教師Aと生徒Bを取り巻く具体的な現実がどのように構成されているのかを理解するための，仮説や理論や分析枠組みを研究のプロセスで生成していく。

　このように2つの研究方法は扱うデータが量・質で異なるだけではない。既存の理論や分析枠組みに基づいて仮説を検証する量的方法と，研究のプロセスで理論や分析枠組みを生成する質的方法は，現実の認識の仕方からして大きく異なる。しかし，両者は対立するものというよりは相互補完的である。研究対象としての事象や追究したい問いに応じて，この2つを使い分けたり併用したりできるとよい。

参考文献

秋田喜代美・能智正博監修（2007）『事例から学ぶ　はじめての質的研究法』東京図書。

ウヴェ・フリック（小田博志他訳）（2002）『質的研究入門―〈人間の科学〉のための方法論』春秋社。

（早坂　淳）

Q8 グローバル人材の育成と持続可能な発展に向けた教育の意義と課題について述べなさい

1. グローバル化の進展と我が国の教育改革

私たちは，変化の激しい「知識基盤社会」に生きている。知識基盤社会の特徴は，「①知識には国境がなく，グローバル化がいっそう進む」，「②知識は日進月歩であり，競争と技術革新が絶え間なく生まれる」，「③知識の進展は旧来のパラダイムの転換を伴うことが多く，幅広い知識と柔軟な思考力に基づく判断が一層重要になる」，「④性別や年齢を問わず参画することが促進される」などを挙げることができ（中教審答申（2007）），子どもたちはそうした社会の形成者として力強く生きていかなければならない。社会の変化のスピードは，人工知能やIoTによってさらに加速しており，「第4次産業革命」の大きなうねりに対応するため，教育改革が進められている。

2. グローバル人材の育成と持続可能な発展に向けた教育

情報化やグローバル化，ボーダーレス化が加速するなか「子どもたちに，どんな力を身に付けさせるべきか」が世界中で議論されている。知識基盤社会で求められる能力を明確にし，教育政策の決定に役立てようと，国際的，学際的なプロジェクトが立ち上げられ，ATC21S（Assessment and Teaching of 21st Century Skills）の「21世紀型スキル」（図3-8-1）や，経済協力開発機構（OECD）の「キー・コンピテンシー」（図3-8-2）などの「資質・能力」が示されている。ここで示されているのは，単なる知識や技能，特定の定式や方法を反復継続的にあてはめる力だけではなく，変化に対応する力，経験から学ぶ力，批判的な立場で考え，多様な資源を用いながら，より複雑な課題に取り組む力である。

また，これからの社会の形成者を育成する教育として注目されるのが，ESD（持続可能な開発のための教育）である。ESDでは，持続可能な社会の担い手を育むため，地球規模の課題を自分のこととして捉え，その解決に向けて自分で考え行動を起こす力や態度を身に付けるための教育が目指されている。そして，国際的な視野をもつ人間の育成を目指す「国際バカロレア」（IB）では，

創造性とイノベーション	批判的思考問題解決意思決定	学び方の学習メタ認知	思考の方法
コミュニケーション	コラボレーション（チームワーク）		働く方法
	情報リテラシー	ICT リテラシー	働くためのツール
シティズンシップ	人生とキャリア発達	個人の責任と社会的責任	世界の中で生きる

図3-8-1　21世紀型スキル

1. 社会・文化的・技術的ツールを相互作用的に活用する能力
A. 言語、シンボル、テクストを相互作用的に活用する能力
B. 知識や情報を相互作用的に活用する能力
C. テクノロジーを相互作用的に活用する能力
2. 多様な社会グループにおける人間関係形成能力
A. 他人と円滑に人間関係を構築する能力
B. 協調する能力
C. 利害の対立を制御し、解決する能力
3. 自律的に行動する能力
A. 大局的に行動する能力
B. 人生設計や個人の計画を作り実行する能力
C. 権利、利害、責任、限界、ニーズを表明する能力

図3-8-2　キー・コンピテンシー

学習者が目指すべき人物像が示され，地域社会や国，そしてグローバルなコミュニティの責任ある一員として，より平和な世界の構築に貢献する個人や集団の育成が目指されている。知識だけでなく，価値観や主体性を発揮する態度などの情意面の育成も重視されているのである。

3．求められる資質・能力の育成とカリキュラム開発の課題

　資質・能力は，世界のどこに居ても活躍できる人材の育成，ひいては，国際社会の持続可能な発展に寄与する市民の育成のため，身近な問題から地球規模

の問題に取り組める学習者の育成をめざして制定されている。習得した技能や知識をうまく組み合わせて活用し，新しいものを創造する，「想定外の状況に対応する臨機応変な問題解決能力」や「協調性」「適用的・創造的能力」「人類的（多面的・協働的）能力」の育成が目指されている。我が国でも，2020年に小学校に入学した子どもが高校を卒業し社会で活躍する2030年代の社会を見据え（中央教育審議会（2016）），2017年改訂学習指導要領では，育成すべきを「学力」ではなく「資質・能力」とし，「①生きて働く『知識・技能』，②未知の状況にも対応できる『思考力・判断力・表現力等』，③学びを人生や社会に生かそうとする『学びに向かう力・人間性等』」の育成が目指されている。特に高等教育や市場では，今後一層人々の移動や交流，協働が活発になり，グローバル人材の育成の要請はさらに強くなるだろう。教師には，子どもたちが知識や技能を生かせる身近な問題解決に取り組めるようカリキュラムを編成しつつも，多様に展開される学習を伴走者として支える役割も求められるであろう。

参考文献

安彦忠彦（2014）『「コンピテンシー・ベース」を超える授業づくり：人格形成を見すえた能力育成をめざして』図書文化社。

P. グリフィンら編（三宅なほみ監訳）（2014）『21世紀型スキル：学びと評価の新たなかたち』北大路書房。

（松尾奈美）

第４章　いま求められる授業観の転換

リードQ1　いま求められる教材研究の視点について述べなさい

　今なぜ，授業観を転換しなければならないのか。それは，これまで通りの授業では多くの問題が生じているからである。特に，子どもたちの学習意欲はその典型であろう。高度経済成長期において，学校でたくさん勉強し高学歴を得ることは高給の仕事につけることに直結し，皆が学校で学ぶことに高く動機づけられていた。しかし，いまの日本は生活が豊かになったことで，子どもたちは学ぶ意義自体を実感しにくい状況下で授業を受けている。

　このような，社会状況や経済状況が多様に変化しているのにもかかわらず，これまで通りの授業では良いとは言えず，授業の根本的な転換が必要となろう。そこで，本章では2つの視点からのアプローチを提案した。1つは，教材研究という視点に着目して授業を変えることである。もう1つは，学習という視点に着目して授業を変えることである。前半は，いま求められる教材研究の視点について述べ，後半は，いま求められる学習の視点について述べる。

　まずは，教材研究の視点である。教師は，何の計画性のないままに授業をしているわけではない。狭義の教材研究とは，授業の前に，どのような演出をしたら児童生徒たちに興味を持ってくれるのか，この授業と次の授業をうまくつなげるにはどうしたら良いかなど，授業の準備段階で工夫を凝らす作業である。では，いま求められる教材研究の視点とは何か。それは「教師が教えたいことを児童生徒の学びたいことへと変えること」である。これを実現するための教材研究の方法論としては，いくつか考えられる。

　第一に，教科の本質を考える作業に取り組むことである（Q2参照）。国語や算数などそれぞれの教科には，固有の見方・考え方がある。これを考究する作業は，なぜこの教科を学ぶのか，授業を受けることによってどういった見方・考え方が身につくのか，という問いを研究することであり，教師が教えたいことを児童生徒の学びたい事柄へと変化させる1つのアイディアとなる。

　第二は，授業における発問構成を考える作業に取り組むことである（Q3参

照）。授業においてどのような発問をしていけば，教師の教えたいものを子ども
もの学びたいものに変えることができるのか。授業中の教師の発する問いは，
ときに児童生徒の興味を誘発したり，思考を発展させたりと授業を実り良いも
のへと方向づける重要なものである。この点を考究する作業は，子どもにとっ
て刺激的な授業を成立させることに繋がるだろう。

　第三は，板書法を考える作業に取り組むことである（Q5参照）。板書の仕
方によっては，教師の板書を子どもがひたすら写しとるだけのものとなり，教
科内容はノートにまとめられるが，子どもの頭には少しも残らないことがあ
る。それゆえ，板書法を考究する作業は，どのような板書が子どもたちの知識
の定着を促し，子どもの思考したことや表現したことを可視化させ，議論を方
向づけたりするのかを考え，興味深い授業の成立に繋がる。

　第四は，学習指導案をつくる作業に取り組むことである（Q8参照）。学習
指導案は，授業の計画書である。指導案には，教師がある事項や知識を教え児
童生徒に覚えさせるもの，児童の調べ学習を中心に据えるもの，教師の発問に
よる働きかけによって児童生徒のどのような対立・分化を生み表現するかを構
想したものなど，様々な種類がある。指導案の類型を考究することは，教師が
教えたいことを児童生徒の学びたい事柄へと変化させるアイディアになろう。

（細矢智寛）

リードQ2　いま求められる学習の視点について述べなさい

　学習という視点に着目して，授業のあり方を検討していきたい。平成29・30（2017・2018）年改訂学習指導要領では，アクティブ・ラーニングが新たなキーワードとなり，各教科の「知識・技能」だけでなく，「思考力・判断力・表現力等」や「学びに向かう力・人間性等」といった観点から各教科の指導の在り方や目標，価値を見直すなど，「資質・能力」を意識的に育んでいくことが提起されている。つまり，内容ベースからコンピテンシーベースへのカリキュラム改革が進み，「何を教えるか」だけでなく「どのように学ぶか」も重視されている。それにより，従来の学習指導要領が「目標―内容」の提示にとどまり，「方法―評価」に関わる多くを教育現場における教育実践の創意・工夫に委ねていたのに対して，今回は「目標―内容―方法―評価」が一体的に示され，その中でアクティブ・ラーニングの必要性が提起されているのである（Q1参照）。アクティブ・ラーニングについては，特定の型の普及ではなく，現在の授業や学びのあり方を，子どもたちの学習への積極的関与や深い理解を実現するものへと改善していくための視点として捉えるものとされている。

　ただし，アクティブ・ラーニングを行うに際して，「アクティブ」にするための学習形態の議論に終始するという危険も指摘されてきた。学習形態は，おもに一斉学習，グループ学習，個別学習に分類される（Q7参照）。一斉学習の中で学級の仲間のさまざまな意見と出会いながら世界観を変えたり，グループ学習の中で助け合うことで，みんなでわかる文化をつくり出したり，個別学習の中で自分のペースでわかるまで追求するなど，それぞれの形態に意義がある。ただし，とりわけアクティブ・ラーニングが強調されて以降，学習の形態や活動に注目が集まり，「活動あって学び無し」という事態も生み出されてきた。学習形態は，授業で取り扱う教材，授業のねらいなどによって，大きく左右されることを認識したうえで，選択されるものである。話し合いといった活動，つまりアクティブにすること自体を目的にしてはならないのである。

　しかしながら子どもたちが教材と深く対決することができるか，という点については，今日の授業づくりは課題を抱えている。これまで，授業では教師に導かれながら正解に収束していく学習となりがちであり，子どもの学びは教師の教えに囲い込まれ，教師の予定した世界への同化が起こることがあった。しかし現代の複雑な社会では，「正解のない問題」に対して最適解をつくる力を育てることが課題となっている。それゆえ今日重要な学習観となるのは，子どもたちが，他者と相互に考えを補いながら新たな考えを生み出したり解決策を生み出すといった，構成主義の学習観である（Q6参照）。子どもたちが主体となって教材や他者と関わりながら，自らの経験とともに概念や法則を構成していく学習の構想が必要である。その際，主体的な学習が成立するために学習意欲とセルフコントロールは必須となる。なぜなら，子どもの積極的に学ぼうとする学習意欲と学習以外の誘惑に惑わされず学習を進めていくセルフコントロールは，子どもが教師の指示で動かされるのではなく，子どもが内容に関心をもって粘り強く集中して向き合い，自身の学習に能動的に関与する前提となるからである（Q4参照）。

　今日，アクティブ・ラーニングが叫ばれるのは，教師が教科書の内容を解説する絶対的真理としての知識でなく，対話を通して構成される知識の学習という学習観の転換があるといわれている。アクティブ・ラーニングが学びの質や深まりを追求する視点として提起されていることを踏まえ，活動主義に陥った学習や絶対的真理としての知識を伝達される学習ではなく，子どもたちが学習意欲をもつ教材研究を前提として，教科内容の科学性を対話によって批判的に問い返し，共同知を生み出す学習が求められている。

参考文献

石井英真編著（2017）『小学校発　アクティブ・ラーニングを超える授業―質の高い学びのヴィジョン「教科する」授業』日本標準。

久田敏彦（2016）「アクティブ・ラーニングと学習集団研究」深澤広明・吉田成章責任編集『学習集団研究の現在Vol.1　いま求められる授業づくりの転換』溪水社。

（早川知宏）

Q1 「主体的・対話的で深い学び」と主体形成との関係について述べなさい

1. アクティブ・ラーニングはなぜ求められるようになったか

　アクティブ・ラーニングという用語は，元々アメリカの高等教育において「講義中心」の授業形態を反省し，学習者中心の学習への転換が求められるなかで生まれてきた。アクティブ・ラーニングの定義は様々になされているが，溝上は「一方向的な知識伝達型講義を聴くという（受動的）学習を乗り越える意味での，あらゆる能動的な学習のこと。能動的な学習には，書く・話す・発表するなどの活動への関与と，そこで生じる認知プロセスの外化を伴う」と整理している。我が国では，2000年代に入り高等教育の質的転換に際して政策用語として取り入れられて以来，初等・中等教育にも広がった。平成29（2017）年版学習指導要領では，「主体的・対話的で深い学び」に置き換えられたが，すべての教科等を通じて，児童・生徒が目的意識や価値を見いだし，対話的な活動を通して，考えを深め，学習を進める指導のあり方が求められている。

　それではなぜ，授業の転換が求められたのだろうか。アメリカの高等教育はもともと教養人の養成を担うカレッジを中心とし，研究志向型の大学においても「研究」と「教育」の両面の重視が求められてきた。しかし第二次世界大戦後，あらゆる分野の研究水準の向上のため，研究業績が大学教員の採用と昇進の主要な評価基準となったことから，大学教育は「研究」へと偏重したと指摘されている。また同時に高等教育のマス（大衆）化が進み，大学教育を受けるのに十分な準備がなされていない者や，大学で学ぶ目的意識の希薄な者にも門戸が開かれ，研究を重視する教授と学生との間で求める「教育」のあり方の食い違いが大きくなっていった。大学生活では，学生が自ら問いを持ち，自主的に学ぶことが求められるが，その主体性に任せるだけでなく，学生が能動的に学ぶための教授方法の改善や，教授中心から学習者を中心とするパラダイムへの転換が求められていった。背景は違えど，日本の高等教育でも大学のマス化，ユニバーサル化は進み，その教育は教養ある市民養成，主権者養成への貢

献が期待され，アクティブ・ラーニングを導入した授業改善が課題となっている。

2．主体的・対話的で深い学びの実現のために

　学習指導要領では，「『習得・活用・探究』という学びの過程の中で，各教科等の特質に応じた『見方・考え方』を働かせながら，知識を相互に関連付けてより深く理解したり，情報を精査して考えを形成したり，問題を見いだして解決策を考えたり，思いや考えを基に創造したりする」学びを求めている。

　オースベルとロビンソン（1984）は，学んだことが自分の持っている認知構造（知識の量，明瞭さ，まとまりを含む知識の状態）と結び付けられることが「深い学び」の前提だとし，学習者にとって「有意味」な学習となると示した。さらに，ウィギンズとマクタイ（2004）は，知識を他の知識や考え，経験と関連付けて原理化したり，一般化したりすることで深い学びに導くことができるという。これらの学習理論や学習指導要領解説に共通して，深い学びのポイントは「知識の関連付けること」や「問題を見いだし解決すること」にあると述べられている。知識の「構造化」や「関連づけ」を学習者自らが行う「主体性」と「深い学び」には強い関連があるのである。

　アクティブ・ラーニングへの転換は，学びの形態だけでなく，教科書をはじめとする十分な教材研究に裏打ちされたものでなければならず，その学びの結果が児童生徒にとって有意味でなければ，対話や活動の場面を増やしても，主体形成に役立てることはできないだろう。また教科ごとの「見方・考え方」を他の教科の学習や生活においても自在に働かせることができるように，教科横断的な目線で学力形成を行っていくことが重要である。

参考文献

溝上慎一（2014）『アクティブラーニングと教授学習パラダイムの転換』東信堂。

L.ダーリング-ハモンド編著（深見俊崇編訳）（2017）『パワフル・ラーニング：社会に開かれた学びと理解をつくる』北大路書房。

（松尾奈美）

Q2 「教科の本質」へとつながる教材研究のあり方について述べなさい

「教科の本質」へとつながる教材研究のあり方とは何か？

この問いに答えるためには，いくつかの用語を明確にしていく必要がある。第一に，教科とは何かである。第二に，教科の本質とは何かである。それらを踏まえた上で，教科の本質へとつながる教材研究のあり方とは何かを考えていきたい。

1．教科とは何か？

第一は，教科とは何かである。教科は，伝達すべき文化遺産の代表とか，大人側から子ども側に習得を求めるものと言われる。ここでの文化遺産とは，読み書き計算といった知識や技能，科学や芸術やスポーツなど，人間の作り出してきた事柄である。人類は，長い時間をかけて築いてきた学問や科学や芸術などの文化遺産がある。例えば，人類の祖先は石器やオノや縫い針を発明して未開の地へと足を踏み出したり生活様式を発展させたりしてきたが，当時の人類より，自転車や飛行機，ロケットを発明した今の私たちの方がよりレベルが高いと思ってしまうのではないだろうか。だが，ロケットを発明した人たちは，その一歩前のものを教えられていたからこそ新たな発明ができた。階段を一段二段と登るような積み重ねがなければ，現在までの発展はなかったのである。このように我々人類の歴史は，文化遺産を次世代に伝え，さらに発展させていくように教えられてきた。

この文化遺産は，内容に応じて学校では教科として分類され，各教科内容を体系的に習得できるように設けられている。小学校では，国語，社会，算数，理科，生活，音楽，図画工作，家庭，体育，外国語を総称して「各教科」とするとともに，「特別の教科である道徳」も含める。このほか小学校には，外国語活動，総合的な学習の時間や特別活動などもあるがこれらは教科ではない。中学校では，国語，社会，数学，理科，音楽，美術，保健体育，技術・家庭，

外国語を総称して「各教科」とし，小学校と同様に，「特別の教科である道徳」も含める。このように，教科は長い時間をかけて積み重ねてきた学問・科学・芸術の膨大な知識・技能・価値の体系を，子どもたちが継承し，自らの力で発展させられるように意図されている。

2．教科の本質とは何か？

　第二は，教科の本質とは何かである。上記にあげた各教科には，固有の見方・考え方が存在する。教科の本質とは，各教科の特質に応じた見方・考え方である。例えば美術は，形や色などの造形的な視点に着目して目の前の世界を捉え，そこから自分の意味や価値を作り出すところにその本質がある。それゆえ，色が及ぼす心理効果，色が喚起するイメージなどの色彩知識を学ぶことは，世界をその角度から見ることで以前とは異なる見方・考え方が獲得できる。

　具体的には，ファストフードMは赤と黄色の配色によるデザインを使っている。赤はパトカーのサイレンや消防車といった緊急を知らせたり，警告する標識や看板に使われているように，それを目にしたときに停止の効果がある。黄色は注意を喚起する，注目させる効果がある。そのため，Mの看板を見るとふと立ち止ったり，注意を向けさせる効果が生じることで，ついつい立ち寄ってしまう。「今日はMにしよう」という気持ちは，このような色の心理的な効果を活用したデザインによるものだと考えることができる。色彩の学習により，これまで気づかなかった色が及ぼす心理効果に着目することを可能にし，身の回りの物事を形や色などの造形的な視点から捉えたり考えたりすることができる。このような見方・考え方は美術や図画工作に限らず，数学，理科，社会など各教科にそれぞれ存在する。

3．教科の本質へとつながる教材研究とは何か？

　それでは，教科の本質へとつながる教材研究のあり方とは何か。それは，各教科の特質に応じた見方・考え方を身につけるために，どのような教育内容を準備し，どのように子どもに提示するかについて研究することである。教材は，学校における教科の授業準備と展開において問われることが多い。教科の本質へとつながる教材研究とは，授業準備において「各教科等をなぜ学ぶの

か」「それを通じてどういった見方・考え方が身につくのか」という授業のねらいを明確にして，教材を選択し，その配列を考えて組み立て，子どもに提示する方法を吟味する一連の作業である。その際，教材研究のあり方として，次の4点を吟味することが必要である。

1点目は，教育内容の正当化である。教師にとって教育内容は，学習指導要領に定められ，それに基づいて作成された教科書に盛り込まれている。その内容を鵜呑みにするのではなく，教師自身が自ら吟味して，子どもの学習にとって有意義であると納得することが重要である。そのため，教科書を教えるのではなく，教科書の内容に対して「なぜこの内容を学ぶ必要があるのか」という問いを立てて教材研究を進める必要がある。その教育内容に自ら納得すれば，教師の指導意欲も高まるはずである。

2点目は，教育内容の構造化である。教育内容は指導の意図との関係に基づいて固有の構造を成している。指導意図に基づく中心になる内容と周辺に位置する諸内容が構造的に結び合っており，そうした構造を明確にする必要がある。指導意図は「その学習を通じてどういった見方・考え方が身につくのか」を中心にして，核となる内容と周辺に位置する諸内容を明確にして考えるのである。

3点目は，教育内容の重点化である。明らかにした教育内容の構造を考慮して，指導意図と結び付けてどこに重点をおいて指導するのか，どこにポイントを置くのか，育成したい能力のどの面に重点を置くのかなど，教育内容の重点化が必要である。例えば，検討すべき事項としては，知識理解（色が及ぼす心理効果，花の仕組みと働きなど），技能の習熟（四則計算の技能，漢字の読み方や書き方の技能，デッサンの技能など），方法の習熟（実験方法，調査方法，発表方法，絵画技法など），能力の向上（観察能力，推理能力，判断力，表現能力など）がある。

4点目は，教師が子どもと教材との実り豊な出会いをいかに演出するかである。実り豊かな出会いというのは，子どもが教材に対して心に響く（心をゆさぶったり，心をときめかせたりする）ような学びの体験を引き起こすことである。子どもが教材と交流して，教材が心に響き，心を動かしてこそ学習活動が旺盛になり，その効果が上がって実りを結ぶからである。このためには，教師

が構成する教材に魅力を感じ，心を動かすことが大切である。教師が教材に心を動かさないで提示しても，子どもはその教材に心を動かさないからである。

　以上の点を踏まえ，学習者である子どもが現在もっている知識や経験を足場に，それを教科の系統に沿ったものへと修正・洗練・統合していく授業づくりが求められる。これまでの授業の課題は，教師が教えたいことと，児童生徒が学びたいことの間の乖離という点にあった。児童生徒にとっては教師からの一方的な授業であったり，なぜこの教科を学ぶのかに疑問をもったり感じることも多かったように思う。それゆえ上記のような作業は，「教師が教えたいことを児童生徒の学びたいことへと変えること」につながる重要なことであろう。

参考文献

安彦忠彦（2009）「学校教育における『教科』の本質と役割」『学校教育研究』第24巻，pp.20-31。

長谷川榮（2008）『教育方法学』協同出版。

（細矢智寛）

Q3 授業における発問構成の原理について述べなさい

　発問とは，教師の指導言の1つで，教科内容の自主的・共同的習得に向けて提出される教師の問いかけであるとされている。発問は，明治期から主要な教授方法であり，とりわけ，近代教授法の発展過程における教師中心主義と児童中心主義の相克のなかで把握されてきた。授業は，相対的に独立した教師の教授活動と子どもの学習活動とが統一された過程としてとらえられる。教師は，教壇に立つとき，教えねばならないものをもつことを迫られる。なぜなら，授業とは，教えねばならないもの＝教科内容を前提とし，それを次の世代に伝え，習得させることで新しい学力と人格を発達させることを特別の任務として成立するものであるとされるからである。しかし，教師は教えねばならないことを「教えてはならない」のであって，教えねばならないものを子どもたちの学びたいもの，追及したいものに転化し，発展させていかなくてはならない。教師の教えたいものを子どもたちの学びたいものに転化していくこととしてのドラマを成立させるしくみを構想したものであるのが授業の指導案である。指導案において，教師の働きかけの中核となるのが発問であり，指導案づくりとは主として発問系列を構想することである。授業過程を成立させる基本的矛盾は，「教える」ということと「学ぶ」ということの間の矛盾であり，この矛盾が教師の指導によって解決され，統一されるところに授業は成立する。この矛盾を統一するものが，発問である。

　「教える」とは，「指さす」（zeigen：独語）であるとされる。「教える」という「指さし」の行為の特質は，①対象を直接つかんで与えるのではなく，距離をもってさし示す，意味的な媒介的行為，②指さされる方向をめざして，子どもたちは接近し，かれら自身が自らで歩みより，ものや人と出会い，発見していく，ということにある。教師は，「指さすこと」によって子どもたちの思考を子どもたちの日常的な経験や常識やたてまえから解き放して，一定の教科内容の方向に向かって限定していくことができる。また，「対象との距離」の違いによって，「限定」（限定による指さし），「比類」（比類による指さし），「否

定」（否定による指さし）という発問の3つのモデルが示されている。

　発問は，単なる質問（通常の問い）とは異なる。質問（通常の問い）は，道ばたで道を尋ねるような「知らない者」が「知らない人」に唯一正答を求めて尋ねるのであり，早く一つの答えがほしい。これに対して，授業における教師の問いは，「知っている者（教師）」がまだ「知らない人（子ども）」に尋ねる。「知らない人（子どもたち）」に対して，「知っている者（教師）」が聞く発問は，唯一正答ではない。質問では正しい答えを聞くことができればそれでよいとされるのに対して，発問では正しい答えや結果が出るか出ないかではなく，答えを生み出すためにどれだけ意味のある思考活動や表現活動がなされたかが重要になる。そこで求められているのは，「わからない」でも「誤り」でも，「対立・矛盾」の多様な思考でも，自由で個性的な発想でも，奇抜な思いつきでもよく，教師の発問によって，それを契機として，子どもたちのなかに「問い」を生じさせることが目的である。また，発問の答えは，1つの答えで終わるのではなくて，つまずきをも含んで対立・分化する「問い―答える」過程を成立展開させることに発問の教授学的本質がある。

　授業で展開される発問は，たえず続けられる教師の教材解釈（力）である。教師自身がまず，その教材に対して自己をぶつけて問いを発していくという厳しい教材研究の過程をへてはじめて，授業のなかで子どもたちをはげしく刺激し，きびしくゆさぶり，思考を発展させていくことのできるような発問がつくられる。教師の発問は，教科内容・課題を際立たせているその一点への距離をとった指さしであり，その一点に焦点化されなければならない。「しっかりと考えなさい」ということではなくて，まさに「考えざるをえない」または「考えたくなる」ような知的状況に，子どもたちを追い込まなくてはならないのである。そういう「追い込み」をしうるかどうかが，発問の使命とされる。

参考文献

吉本均（1986）『授業をつくる教授学キーワード』明治図書出版。

吉本均（1994）『教室の人間学―「教える」ことの知と技術』明治図書出版。

吉本均（1995）『発問と集団思考の理論　第二版』明治図書出版。

（松浦明日香）

Q4 学習意欲の育成における自己調整学習とセルフコントロールについて説明しなさい

　学習意欲は，積極的に何か学ぼうとする気持ちである。例えば，学校で行ったある博物館（恐竜の展覧会）の入館をきっかけに，ティラノザウルスとプテラノドンについて気になって恐竜図鑑やインターネットを調べ，大きさを比較したり，それぞれの優劣に基づいて自分なりに強さの順位づけたりする子どもがいるかもしれない。あるいは，恐竜のテレビや図鑑を何気なく見ていて急に気になり，親に相談して博物館を調べて出かけることもあるかもしれない。このように，学習意欲は，何かをきっかけとしてある事柄を積極的に学ぼうとする気持ちである。

　現代では，情報技術の発展によって見たい情報を選択して視聴することが増えつつある。子どもたちにとって，自分の興味のある分野をYouTubeで視聴することはよく行われている。ニュースアプリも，バラエティ，経済，IT，生活などにカテゴリー化され，自分が興味のあるカテゴリーの情報を選択して見られるようになっている。言い換えれば，興味のない分野の情報は見ることが少なくなるともいえる。

　しかし学校教育において，この点については考えなくてはならない。公教育では，学習指導要領によってある程度，学校教育段階に応じて学習事項が規定され，たとえ子どもたちにとって興味のない事項も学習しなければならない。その時期の子どもにとって学習事項に興味がなかったとしても，その学習活動を進めていくうちに新たな発見や面白さに気づき，興味を育むこともある。始めからそのような機会がなかったら，芽生えるかもしれない興味関心はそもそも生じることさえない。

　興味にも色々あって，ある事柄をきっかけとして瞬間的に芽生えてその時間が終わると消えてしまう状況的興味や，自分の中に永続的に存在する個人特性的興味などがある。例えば，理科の授業が好きな子どもは，理科についての個人特性的興味がある。一方で，理科が嫌いな子どもが，多様な生物の生存を

テーマとする授業で水族館に行き，水中動物の調べ学習（状況的興味）をきっかけとして，生物について興味をもちはじめて理科の授業が好きになることもある。だからこそ，教師は子どもの興味や関心の幅が広がることを願って，工夫した授業を日々考えなくてはいけない。つまり，学習意欲の育成に向けて授業づくりや教材づくりをしなければならないのである。

　ここまで，学習意欲とは何かについて，およびその育成の必要性について論じてきた。ここからは，学習意欲の育成における自己調整学習とセルフコントロールについて解説していく。自己調整学習は，私たちの学習意欲がどのように生じて，それはどのように維持しながら育まれるのかを心理学的観点から解明しようとする学習理論である。自己調整学習の観点からどのように学習意欲を育んでいくのかを，「世界各地の鳥たち」を例に紹介したい。この単元の目標は，子どもたちが森林，砂漠，北極や南極のような様々な環境下での鳥の生活を知り，捕食や防衛，移動の方法，コミュニケーションなど，生態系の生存に関わる概念知識を形成することである。

　第一の指導場面は，「観察し個人化する」である。まず身近な鳥たちの生活を観察するために校庭や自然動物園などで散策活動を行う。散策で見たり拾ったりしたものをもとに鳥が何を食べるのか（捕食），どのように外敵から身を守るのか（防衛），どのようにアピールするのか（コミュニケーション）など，自分の知りたいことの問いのリストを作成する。加えて，校庭などの散策活動と擬似する物語を自らの体験と結びつけて読む活動が行われる。現実の体験と読書体験の相互作用を通して，関心や疑問を自分のものにする。

　第二の指導場面は，多種多様な生物群系の本から知りたい問いに対する情報を「検索し探し出す」活動である。本の見出し，目次，索引などをもとに，知りたい情報を本の中から探し出す。ここでは本の読解を通して関心や疑問の情報を探し出すことに加えて，実験を通して情報を探す活動も行われる。例えば，フクロウが何を食べているのかといった捕食の実態を予想して，それを確かめるためにペレットの解剖を行う。ペレットの解剖では，様々な骨や毛皮などを発見したりする。それらの骨が一体何の生き物の骨なのかについて，フクロウの食習慣に関する本で調べる。

　第三の指導場面は，多種多様な本の読解を通して得られた情報と実験から得

られた情報を「読解し統合する」である。ここでは，読んだ本の要約，特定の鳥の生存に関する情報を図示してまとめる活動が行われる。例えば，前の授業でフクロウのペレットの解剖によって得られた情報と，本の読解によって得られた情報を合わせて図表を作成する。解剖によって出てきたいくつかの骨を本で調べることにより，鳥の骨が20本，ネズミの骨が9本，ラットの骨が6本と，多い順からグラフにすることでフクロウの捕食の実態が明らかになる。

　第四の指導場面は，「他者とやりとりする」である。子どもたちは級友や他の人々に，ポスター，レポート，コンセプトマップなどの方法でこれまでの学びを通して得られた知識を伝える。これらの発表を通して，それぞれが調べた鳥について理解を深め，他の鳥に対する興味や好奇心をより高めていくことになる。

　このように，学習意欲を育成するためには，直接的に本物を見たり触ったり嗅いだり食べたりするような直接経験と，興味を広げるために用いる読書や課題解決のために用いる読書のような間接経験を往復しながら興味を維持・継続させていくことが重要である。また，自分であるいはグループで調べたい問いや目標を持ったり，それを調べるための方法を学習することも，学習意欲を発展させるためには必要な指導である。解決したいことが解決できなかったり，始めから解決できそうにないと思うと学習意欲は減退してしまうからである。

　次は，セルフコントロールについてである。私たちは，1日のうち4時間は様々な誘惑と戦っている。代表的な誘惑は食欲，睡眠欲，性欲，承認欲求（SNSで承認されたい等）のような衝動である。しかしながら，時には，他のことを後回しにしてもやらなければいけない目標や締め切りが迫った課題がある。宿題を例にとっても，今日やるべき宿題を帰宅後すぐに取り組める子と，ついつい誘惑に負けて宿題をやらない子がいる。この違いは，欲求を自ら制御する力である，セルフコントロールの機能が多く関わる。

　セルフコントロールの機能は，よく車のアクセルとブレーキに喩えられる。例えば，受験に合格する，試験で80点をとるというような目標があったとする。この目標の達成過程でアクセルは，友達と遊びたい，ゲームしたい，スマホを触りたいというような衝動である。この衝動を抑えるブレーキがセルフコントロールである。衝動のままに行動していたら，目標は達成できない。目標

を達成するためには生じる衝動を抑えながら宿題をしっかりとこなしたり，試験範囲の勉強をしていかなくてはならない。目標を達成するためには，自分で今やるべきことを見極め，誘惑と戦いながらも適切な行動や判断をしていかなければならない。

　このようなセルフコントロールは，鍛えることも可能である。鍛える方法は様々あるが，テニスやサッカーのようなスポーツ，そして音楽はその代表である。例えば，テニスは相手との長い戦いの中で自分の感情や行動を持続的にコントロールする必要がある。試合では，思い通りにボールを打てないときや，サーブが入らないときなどに，頭の切り替えは必須になるからである。試合に勝つという目標の達成過程で生じる緊張や苛立ちのような衝動のコントロールと，受験に合格する，試験で80点をとるというような目標の達成過程で生じる友達と遊びたい，ゲームしたい，スマホを触りたいというような衝動のコントロールは，一見違うように見えて，脳で生じているアクセルとブレーキは同じ働きなのである。

　学習意欲の育成においては，セルフコントロールの育成も必要である。なぜなら，子どもにとって興味がない学習事項を学ぼうとする過程の中では，必ず様々な誘惑があるからである。その中で，様々な誘惑と戦いながら粘り強く取り組んだり，最後までやり遂げるといった努力を生じさせるためには，セルフコントロールが機能しなければならない。

参考文献

細矢智寛（2020）「ウィグフィールドによる自己調整学習の指導方法：CORIにみられる科学的探究活動と読解方略指導の融合アプローチ」『教育方法学研究』第45巻，pp.25-35。

森口佑介（2019）『自分をコントロールする力：非認知スキルの心理学』講談社。

（細矢智寛）

Q5 思考力・判断力・表現力を育成する方法としての板書の役割について説明しなさい

　板書は，黒板に文字などをチョークで書くことによって，子どもの学習を援助する働きを持つ。授業は，教師と子どもの対話によって展開するが，そうした対話によってでてきた内容をまとめる機能を有するのが板書である。

　これまで板書の方法をめぐってさまざまな提起がなされてきた。例えば戦後の国語教師である大西（1987）は，板書を体系的板書，表現的板書，構成的板書の3つに分類している。体系的板書とは，単元の順序にしたがって，授業内容を説明しながら，体系的，系統的に板書していくものである。そもそも授業は体系を持ったものであるため，体系的板書をしないという教師は少ない。しかし，体系的板書は，教師による説明が中心となる危険がある。すなわち，「教師の独占物」としての板書となり，教師が事前に準備した板書ができあがり，教師にとって都合のよい意見，解釈だけが書かれることとなりうる。これにより，教師が書き手になり，子どもたちは板書された事項を，ひたすら写しとる受け手になり，教科内容は整然とノートに定着しつつも，子どもたちの頭には少しも定着しないという事態が想定される。

　それに対して表現的板書とは，あるテーマについて子どもが反応したり，答えたり，意見を述べたりしたことをメモ的に板書していくことである。子どもたちの発言をメモ的に文字化して黒板に整理していくことは，新たな発言を触発したり，発言の根拠を明確にしたり，発言間のつながりに気づかせたりすることに寄与する。この板書は，教師が子どもの意見をただ板書して，現象的には，学習者の活発な授業がくりひろげられ，子どもたちが授業の主人公のように見えるだろう。しかし，そこでは，つまずきや落差，また，いわゆる「正答」を吟味したり，他の意見とからめて討論をして深めていくなどの展開が組織されないことも起こりうる。

　こうした，教師中心の板書や子ども中心の板書を越えて，授業において子どもの集団思考を組織するための板書が構成的板書である。構成的板書とは，授

業の進行に従って次第に全体像を明らかにしていき，授業の終末場面ではじめて，各要素の全体のなかでの意味を明らかにする板書である。構成的板書は，子どもの集団思考を組織していく授業形態でよく用いられる。この板書法は，教師の発問によって子どもたちの個性的で，多様な意見・解釈をひきだし，それらの対立・分化を意図的に顕在化させる。そしてその克服にとりくむ集団思考の組織化によって，いっそう確実な知識習得と質の高い思考力形成が統一的に実現される。

　上記の板書法を踏まえると，子どもの思考力・判断力・表現力を育成する機能を果たすためには，集団思考を促す構成的板書が最も効果的である。吉本（1986）は，集団思考を組織し，「正答」を吟味したり討論したりする板書を行ううえでの観点として以下のことを踏まえる必要があると述べている。すなわち，「思考のてがかり」としての板書，「思考の足跡がわかる」板書，「子どもとともにつくる」板書である。「思考のてがかり」としての板書は，発問，対立点の明示，思考の手がかりとなる客観的知識や友だちの意見（ときにはつまずきを含んだ多様な解釈）などを提示することで，お互いの解釈やつまずきを吟味しながら真理に迫るというものである。「思考の足跡がわかる」板書は，討論や解釈内容の深化・発展のあゆみを明示することで，論理的に思考・判断・表現することを可能にするものである。「子どもとともにつくる」板書は，教師と子どもたちとが書き手として，共同で議論しながら板書の作成に参加することである。こうした観点により，子どもも板書に主体的に参加しながら，思考の手がかりや思考の発展をもとに対立点を議論しながら教科内容の知識を獲得していくことにつながっていく。

　このように板書は，子どもたちの知識の定着を促し，子どもの思考したことや表現したことを可視化させ，議論していくという，思考力・判断力・表現力を育成する役割を果たす。

参考文献

大西忠治（1987）『授業つくり上達法』民衆社。
吉本均（1986）『授業をつくる教授学キーワード』明治図書出版。

（早川知宏）

Q6 構成主義の学習論について説明しなさい

　人はどのように学ぶかという問いに対して，伝統的な心理学では行動主義が支配的であった。行動主義とは，学習を刺激と賞罰によって生じる反応の永続的変化とみなす考え方である。そこには，19世紀以前の思弁的心理学から，20世紀の実験心理学への研究方法の転換がある。実験心理学ゆえに，結果を観察することができる行動が「こころ」の最小単位となり，学習についても学習者に対する刺激や，学習者自身の経験によって行動がどのように変化するかが問われる。

　行動主義の学習論は，「レスポンデント（古典的）条件づけ」「オペラント（道具的）条件づけ」といった条件づけ理論に代表される。レスポンデント（古典的）条件づけは，パブロフ（Pavlov, I. 1849-1936）による犬がベルの音を聞くだけで唾液が出る実験で知られるように，刺激を連合させて生じる反応の変化を学習とみなす。これに対してオペラント（道具的）条件づけは，スキナー（Skinner, B. F. 1904-1990）による実験が知られている。そこではネズミが餌を得るためにスイッチレバーを押すことを学習するように，スイッチレバーを押すという自発的（operant）な行動を学習する点で違いがある。だがこれらは，学習のしくみを観察可能な行動レベルで証明してはいるが，その過程においてどのような内部変化が生じているかは明らかにしていない。

　これに対して，1950年代以降には認知主義の学習論が台頭する。そこでは，視覚的認知，聴覚的認知，記憶や思考といった高次精神過程について，情報処理やコンピュータプログラミングの観点から，メカニズムやモデルが研究された。具体的には，学習者が主体的に必要な情報を選択し，貯蔵し，再生させ，組み合わせ，出力して操作することを認知と見なす。例えば，「あさがお」「チューリップ」「ひまわり」を別々に記憶するだけでなく，花びら，茎，おしべといった共通項を見つけることで「花」としてグループ化されるように，知識は構造化され，それらを用いて別の情報を獲得したり，既有知識の枠組みそのものが変形したりすることで新たな学習が行われる。

　しかし，これらの学習論においては，概念や法則は客観的な世界に独立して存在しており，学習とはそれらの情報を効率的に伝達して学習者が記憶して蓄積することと考えられていた。これに対して，学習とは客観的な概念や法則が存在するのではなく，学習者が自ら対象と関わることで一人ひとりの意味や世界を作り上げると考えるのが，構成主義（constructivism）の学習論である。久保田（2003）は，構成主義の学習論の前提として，1）学習とは，学習者自身が知識を構成していく過程である，2）知識は状況に依存している。そして，置かれている状況の中で知識を活用することに意味がある，3）学習は共同体の中での相互作用を通じて行われる，という3点をあげている。これらは大きく，認知的構成主義と社会構成主義とに分類される。

　認知的構成主義は，ピアジェ（Piaget, J. 1896-1980）の発達論にもとづいており，個人が環境との経験を通して能動的に知識や概念を形成することが発達および学習であると考える。その前提となるのが，「スキーマ（schema，シェマ）」および「同化（assimilation）」と「調節（accomodation）」である。すなわち，学習者はスキーマと呼ばれる知識構造の枠組みを有しており，外界との相互作用を通してこれらを作っていく。その際，外界にある事象を自らのスキーマに取り込むのが同化である。それに対して，新しい事象が自らのスキーマにおいて処理しきれない場合，スキーマを変化させていくことが調節である。

　ピアジェは，感覚運動期－前操作期－具体的操作期－形式的操作期という発達段階論を唱えた。例えば，量の保存概念について，同じ大きさの二つのコップに液体を注ぎ液体の量が同じであることを確認させた後，一つのコップの液体を細長いコップに移し替えて，水の量が同じか違うかを質問すると，前操作期にあたる幼児は，液体の背が高く見える細長いコップの方が多いと答えるが，具体的操作期にあたる小学生はどちらも同じと答える。この場合，見た目の高い方が量も多いという前操作期の概念から，形が変わっても量は同じという具体的操作期の概念へと，能動的な経験による学習を通して概念が形成されたと考えることができる。このように，感覚から操作へと至る過程において，自らの経験を通じてスキーマを変化させながら言語，数式，法則といった抽象的思考を獲得することがピアジェの言う発達であり，刺激と反応による行動主義とは異なる構成主義的な学習観を見ることができる。

このようなピアジェの発達論は，個人と対象との関わりを重視しており，例えば都市と未開社会のような文化的な違いによる認知や発達のしかたといった点については，考慮されていなかった。これに対して社会構成主義は，ヴィゴツキー（Vygotsky, L. S. 1896-1934）を代表とする文化・歴史学派の発達論に依拠しており，個人の能力や特性だけでなく，他者，社会，文化との関わりを通じてそれを自己の内部に取り込むことが学習であると考えている。

　ヴィゴツキーは，言語のような記号を用いて心理過程を操作して思考することを高次精神機能と呼ぶ。それは，最初は精神間カテゴリーとして親と子どもといった人々の間に発生するが，その後精神内カテゴリーとして自分ひとりで語りかけができるようになる。そして，他者とのコミュニケーションの道具としての役割を果たすのが外言であるとともに，他者との相互作用による内化が内言となり，個人内の対話である思考を導く。

　それとともに，ヴィゴツキーは学習者が自力で課題を解決できる現在の水準と，おとなや自分より知的な仲間との協同によって課題を解決できる水準との隔たりを，発達の最近接領域と呼ぶ。そこでは，学習者の実態に応じた目標や課題を設定することはもとより，学習者自身が能動的に活動に取り組み，おとなや仲間と協同して解決することを重視している点が特徴である。このような学習観は，学習を一人で行う個人的な営みから，他者と一緒に考え活動に取り組む社会的な営みへと捉え直し，それによって相互に考えを補い合いながら新たな考えや解決策を生み出すといった社会的・協同的な学びへとつながる。

　さらに，このような社会構成主義をふまえた学習理論に，状況論的学習論がある。これはレイヴ（Lave, J.1939-）とウェンガー（Wenger, E.1952-）によって提起され，「正統的周辺参加」「実践共同体」「認知的徒弟制」といった用語で説明される。レイヴとウェンガーは，活動中の人々の思考と行為といった社会的な交渉によって意味は構成されるという関係論的相互依存性を前提としており，それゆえ学習を実践共同体への参加の拡大とみなした。

　このような構成主義の学習論においては，児童生徒が主体となって教材や他者と関わりながら，自らの経験とともに概念や法則を構成していく授業を構想する必要がある。それは，教師が教科書の内容をわかりやすく解説することや，児童生徒の体験活動だけを授業の中心に据えることのどちらとも異なる。

例えば，ヴィゴツキーが「生活的概念」から「科学的概念」へと述べたように，生活経験による認識を科学的法則へと結び付けるような教材を作成したり，人間の体重が地面を押しているのではなく地球の引力によって立っているといった，児童生徒の誤った素朴概念を変容したりといった指導上の工夫が求められる。

　また学習形態についても，児童個人による学習だけでなく，他者との話し合いや作業ができるような協働学習が求められる。ブラウン（Brown, A.L. 1943-1999）らによって提唱され日本でも佐藤学（1951-）らによって実践されている「学びの共同体」運動や，アロンソン（Aronson, E. 1932-）らによって提唱された，教材を分担してエキスパートとして学習した後にそれぞれの成果を持ち合い共有するといったジグソー学習は，構成主義をふまえた協働学習の一種である。教育工学においても，コンピュータ上の掲示板にそれぞれの意見を寄せたり，小グループで教材や作品を作成したりといった，CSCL（Computer Supported Collaborative Learning）と呼ばれる実践も展開されている。

参考文献

ヴィゴツキー（柴田義松訳）（1980）『思考と言語』（上）（下）明治図書出版。

久保田賢一（2003）「構成主義が投げかける新しい教育」『コンピュータ＆エデュケーション』15，pp.12-18。

佐伯胖監修，渡部信一編（2010）『「学び」の認知科学事典』大修館書店。

ピアジェ（波多野完治・滝沢武久訳）（1967）『知能の心理学』みすず書房。

レイヴ，ウェンガー（佐伯胖訳）（1993）『状況に埋め込まれた学習―正統的周辺参加』産業図書。

（樋口直宏）

Q7 協同 (cooperation)・協働 (collaboration) 学習について説明しなさい

　学級での授業において採用される学習形態は，大きく一斉学習，グループ学習（小集団学習），個別学習に分けられる。とりわけ近年では，「アクティブ・ラーニング」や「主体的・対話的で深い学び」といったキーワードのもとで，学習者同士がグループで関わり合いながら学ぶことの重要性が強調されつつある。グループ学習は，学級全体での一斉での話し合いとは異なる少人数での話し合いを通した学習を意味しており，学習者がお互いに「キョウドウ」的に関わり合いながら，学びを深めていくことを目指す。グループ学習は，学習者の発言や本音が引き出されやすいことや学習者の相互援助・相互批判が生じやすいことといった教育上の利点を持つものとして初等教育から高等教育に到るまで広く採用されている。

　しかし，一口にグループ学習と言っても，例えば，グループで話し合わせることで何をねらうのか，教師はどのような介入が必要となるのかといった点まで踏み込んで考えると，その内実は多様であることに気付くだろう。グループ学習の多様性をめぐる論点として，しばしば協同学習（Cooperative Learning）と協働学習（協調学習）（Collaborative Learning）との区別が取りあげられてきた。

　前者の協同学習は，アメリカの社会心理学者ジョンソン（Johnson, D. W. 1940-）らによって提唱されたもので，学級内で個々人が競争しながらバラバラに学ぶ形態に対して，小グループでの学びを通して，自分自身の学習と他者の学習の成果をより大きなものにし，全員が共通の目標に到達することを目指す。その際，協同学習のねらいは，学習内容を理解するということだけでなく，互いに教え合ったり，助け合ったりすることを通して，「みんなで分かる」文化や態度をつくり出していくことにも置かれている。

　それに対して，協働学習（協調学習）では，学習者一人ひとりが様々な理解や考え方をもっていることを前提とし，テーマをめぐる話し合いを通じて新た

な考え方や自分たちなりの回答を創出していくことが目指される。協働学習（協調学習）の実践形態として，近年注目を集めている「知識構成型ジグソー法」を取り上げてみよう。「知識構成型ジグソー法」は，おおよそ次のような流れで展開される。すなわち，①教師から「問い」「学習課題」が提出される→②教師によって検討課題が分割され，グループ内で役割分担が行われる→③教師が担当者に担当資料を配布する→④グループを超えて，同じ資料の担当者同時が集まって話し合いを行う（エキスパート活動）→⑤再び最初のグループに戻って話し合いを行う（ジグソー活動）→⑥各グループでの話し合いの成果を学級全体で交流する（クロストーク）といった流れである。「知識構成型ジグソー法」では，学級全体で1つの答えにたどり着くことや学習者相互で助け合うことよりも，学習者一人ひとりが自分なりの答えにたどり着くことができたかが重要となる。

　極めて単純化して言えば，協同学習は教師によってデザインされた授業展開の中で，学習者が共通の理解を獲得するとともに，協働性や社会性を育むことをあわせて重視しているのに対して，協働学習（協調学習）はより学習者主導で進められ，グループ内の個々人が明確な貢献をし，質の高い認知的成果を生み出していくことを重視するものであると言えるだろう。

　このような区分は無意味なことのように思われるかもしれない。確かに協同学習と協働学習の区分はあくまで相対的なものであり，どちらが優れたものであるかを問うことには意味はない。しかし他方で，このような区分は，グループ学習が多様性に富んだ学習形態であり，授業をデザインする上で「何のために」「どのような」グループ学習を行うのかを熟考する必要性を我々に問いかけてくる。特に「アクティブ・ラーニング」が強調されて以降，学習の「形態」や「活動」に注目が集まることで，授業の中でグループでの話し合いの場面を取り入れることが自己目的化し，「活動あって学び無し」という事態を生み出すことも少なくない。学習形態は，授業で取り扱う教材，授業のねらい，学習者の発達段階，学級の発展段階によって大きく左右されるものであることを十分に認識しておく必要がある。

（熊井将太）

Q8 学習形態の交互転換を意識した学習指導案作成の要点を述べなさい

　教師が授業の目標や内容を構想しながら，単元および1時間の教材や指導方法を具体化して，一定の様式や項目の下で記述した計画を，学習指導案と呼ぶ。学習指導案は，それを活用する対象に応じて3つの働きがある。第一は，授業者が自らの教材研究の場として指導内容の解釈を深めるとともに，授業計画を言語化することで指導方法や発問を精緻化する働きである。第二は，参観者が同一の教材，教科，もしくは異なる学年や教科であっても，児童理解や指導技術について参考にするとともに，授業前後の検討会等で自身の考えを授業者に伝えることで相互により良い授業を目指す働きである。第三は，当該の授業に直接関係しない教師や教職を目指す学生が，教員研修や模擬授業等の場で学習指導案の実例を参考にするといった，教師の力量形成に関わる働きである。世界においても授業研究が注目されている中で，学習指導案は日本における授業の質の高さを支える中心的な役割を担っている。

　授業は，1時間で完結することは少ない。それゆえ，学習指導案も年間あるいは1学期の計画とともに，授業時数等が定められる。また，前後の学年でどのような内容を学習しているかによって授業の方向性や難易度が定められたり，学習する時期や他教科との関連によって指導方法が変わってきたりもする。特に，教科内容のまとまりである単元においては，基礎から発展，導入から終結，領域や分野といった，教科の特性に応じて時間数や指導内容を定めた単元計画が作成される。学習指導案は単元計画と密接なかかわりをもちながら，1時間ごとの授業を具体化した計画と言える。

　具体的には，学習指導案は1）単元名，2）単元設定の理由，3）単元目標，4）単元全体の指導計画，5）本時の目標，6）本時の指導過程，7）評価から成るのが一般的である。1）単元名では，教科書の章や節の見出しを記すことも多いだろうが，教師が指導したい授業の主題となることもある。2）単元設定の理由は，さらに教材観，児童生徒観，指導観に分けることができる。すなわ

ち教材観においては，教科内容とともにその背景や指導上の意義といった教材研究の成果を述べる。また児童生徒観では，担当する児童生徒の学力や態度および学級の雰囲気を分析する。さらに指導観については，どのような指導を行いどのような児童生徒を育てたいかといった授業者の特性や願いを記す。これらをふまえて，本単元を通じて何をどのように教えたいかといった，3）単元目標が定まる。また，年間計画や学期計画との関係において，この単元を何時間で実施して各時に何を扱うかといった4）単元全体の指導計画も決定する。

　以上の項目は，授業が進むにつれて変更されることはあっても，基本的には単元を通じて共通する内容である。これに対して5）本時の目標は，単元目標と関連づけながら各時間で何を目指すかを定める。指導要録の「知識・技能」「思考・判断・表現」「主体的に学習取り組む態度」に対応して記すこともある。6）本時の指導過程は，授業の流れに沿った導入―展開―まとめにおける指導内容や教材および指導方法について具体化する。その際，教師の指導と児童生徒の学習は表裏一体の関係にあるので，例えば発問と予想される応答のように，表の形式にして両者を別々に記述することが多い。また，教材や配慮事項等について記す備考欄も設ける。本時の指導過程のみを中心にした学習指導案を略案と呼ぶこともあるが，それは形式上の体裁であり，学習指導案の作成自体は他の項目との関わりを考えながら計画する必要がある。最後に7）評価においては，目標と対応する形で評価の観点を定め，さらに発表，態度，ノート，テストといった評価の方法も具体化する。

　このように，学習指導案の作成は，毎時間の授業をどのように進めるかを具体化することにほかならず，特に基本的な様式については教師の授業観が大きく影響する。その中で，授業を特徴づける様式として，一斉学習，小集団学習，個別学習という3種類の学習形態があげられる。一斉学習とは，教室における学級を中心とした授業のことであり，教師が児童生徒全体に対して進める。小集団学習とは，グループや班を中心とした学習であり，実験や作業等を一緒に行うだけでなく，班長を中心に話し合ったり，特定のリーダーを決めずに学び合いを行ったりする。個別学習とは，児童生徒が個人で行う学習であり，教師と一対一あるいは一人の教師が複数の児童生徒を別々に指導する場合も含まれるが，教室内で一人で考え意見をまとめることも個人学習にあたる。

伝統的な授業形態は一斉授業であるが，生活面だけでなく学習面において小集団を取り入れることも，日本の授業では多く見られる。さらに，臨時教育審議会答申（1987（昭和62）年）以来，個性尊重，個に応じた指導が重視されるようになり，少人数指導や習熟度別指導も取り入れられるようになった。しかしながら，実際の授業を構想するにあたっては，3つのいずれかに偏るのではなく，それぞれの役割を生かしながら調和のとれた学習指導案を作成すべきである。これについて，吉本（2006）は以下のような学習形態の交互転換モデルを提案している。

　(1) 問いかけによる課題の明確化→(2) 班におろす→(3) 時間制限→(4) 個人思考（作業・ノート）→(5) 班話し合い→(6) 机間巡視→(7) うち切り→(8) 評価しながらの班指名→(9) 個人発表→(10)「接続語」による集団思考の展開→(11) 個人指名→(12) 教師が立場をとる→(13) 新しい次元での対立が生じる→課題を明確にして班におろす

　このモデルではまず，教師の発問によって児童生徒の既知を未知へとゆさぶることから始まる。それとともに，班での話し合いを念頭に置いて問いかけを班に投げかける。だが，班での話し合いに入る前に，個人での思考や作業時間を保障して一人ひとりの意見を持たせるようにする。その上で，班での話し合いを行い，教師は班長が全員の意見を取り上げているかを確認する。その後，話し合いに対する取り組みを評価しながら班指名を行い，さらに班長は個人を指名する。発表された意見に対して，教師あるいは他の児童生徒から，「なぜなら」「さらに」「しかし」「だから」といった接続語を用いた発言があり，集団思考が展開される。教師はそれらを集約しながら，さらなる問題点を明確にして再び班をおろしていく。

　このモデルは例ではあるが，そこには教師の指導と児童生徒の学習の関係性が重視されている。吉本は，古くから見られる教師がある事項や知識を教え児童生徒に覚えさせる授業を「与え＝授ける」指導案と呼んだ。また，児童の調べ学習等の活動を中心に据えて教師はそれに対する留意点を示す授業を「調べさせ＝見守る」指導案と呼んだ。このような学習は，戦後新教育のカリキュラムに見られるとともに，今日でも「支援案」と名付ける学校もある。そこには，児童生徒の活動こそが学習の中心であり，教師は児童生徒の活動を支援す

ることが授業であるという考えが表れている。これらに対して，前述のモデル
は「働きかけ＝学びとる」指導案であり，教師が教えたいことを児童生徒の学
びたいことへと転化，発展させることが重視される。

　さらに吉本は，教師の発問による働きかけによって児童生徒のどのような対
立・分化を生み表現するかを構想した授業を「呼びかける指導案」として目指
している。この考えの背後にあるのは，授業における計画性と即時性である。
すなわち，教師は自らの教材研究を通してそこにどのような価値があるかを見
出すとともに，それを児童生徒が主体となって学ぶための方法や計画を考え
る。そこには，発問に対してどのような意見を述べるのか，あるいは解き方や
解釈の過程について，児童生徒一人ひとりの実態を見極めながら具体的に予想
して，学習指導案に書き込むことが求められる。「本時の指導過程」を教師の
指導と児童生徒の学習とに分けて記述する意味もそこにある。

　しかし詳細に計画しても，実際の授業では児童生徒の予想外の意見や反応が
あったり，逆に期待した水準まで話し合いや思考が深まらなかったりする場合
もある。さらに，授業が予定通りに進んだ場合であっても，それは教師の立て
た目標が不十分であり，児童生徒の「問い」や関心を生んでいないのかもしれ
ない。その意味では，教師は周到に計画した学習指導案を授業中に常に修正
し，時に自ら計画を崩すことさえ心得ておく必要がある。そのような計画性と
即時性を併せ持った点にこそ，学習指導案の特性があると言える。

参考文献

明星大学教職センター編（2019）『単元指導計画＆学習指導案で学ぶ教育実
　　　習のよりよい授業づくり』学事出版。
吉本均（子安潤・権藤誠剛編・解説）（2006）『授業の演出と指導案づくり』明
　　　治図書出版。

（樋口直宏）

第5章　評価の視点から見た
　　　　カリキュラム構成と
　　　　学力形成の課題

▶ リードQ1 学力形成における評価の位置付けと課題について グローバルな視点から述べなさい

　近年，国際的な学力観は大きく転換した。これは，グローバリゼーションによって知識基盤社会が形成され，社会構造が大きく変化したことをきっかけとしている。知識基盤社会においては，知識が絶えず更新されめまぐるしく状況が変わる複雑な社会において問題を見出し，それを創造的に解決していく能力が求められる。こうした，これからの社会に求められる能力に基づいて，国際的な学力観が見直されている。

　それまで学力は国単位で設定されてきた。学力とは，カリキュラムに含まれている内容をどの程度習得しているかを示すものである。カリキュラムは国によって異なるので，当然学力の基準は国によって異なる。これに対してOECD（経済協力開発機構）は，人の根源的な特性としての能力をコンピテンシーと呼び，これからの社会において特に重要となるコンピテンシーをキー・コンピテンシーとして設定した。このキー・コンピテンシーを受けて，国際的な学力調査であるPISAが誕生した。これにより，これまで国ごとに設定されていたために国際比較ができなかった学力について，国を超えて共通の基準で評価し比較することが可能になった。PISA調査の結果は，日本を含め多くの国の教育に影響を与えた。多くの国が，OECDが設定した国際的な学力観を受け入れ，それに向かってカリキュラム改革を実行していった。

　カリキュラムも学力と同様に，これまでは学校単位や国単位で設定されてきた。しかし，近年では国際バカロレア（International Baccalaureate: 以下，IB）といった国際的なカリキュラムも注目されている。IBとは，スイスのジュネーブに本部があるIB機構が認定する教育プログラムのことを指す。IBでは「探究する人」「知識のある人」「考える人」など10の「IBの学習者像」が設定されており，こうした人物を育成することを目指してカリキュラムが設定されている。IB機構が認定した認定校では，国や学校を超えて世界共通のカリキュラムが実施される。また，評価としては世界共通の試験が行われ，その結

果に応じて国際的に通用する大学入学資格が授与される。試験は，問題はもちろん，評価基準も非常に緻密なルーブリックとして定められている。このようにIBは国を超えたカリキュラムや評価基準を有しており，学力形成のためのカリキュラムや評価のグローバル化をまさに体現しているといえる。

　IB機構の創設期から1990年代まで，IB認定校はヨーロッパや英語圏の一部の学校のみであった。そこに通う生徒は国際機関や企業などの海外赴任者の子どもや選抜された留学生など，社会的背景や学力が等質な集団であった。しかし，次第に英語圏の多くの学校に取り入れられるようになり，2000年代に入ってからはアジアや中南米など非英語圏での導入が増加していった。日本においても2013年に教育再生実行会議から出された「これからの大学教育等の在り方について（第三次提言）」では，IB認定校を2020年までに200校にまで増やすことなどが提言されており，国内の認定校は増加している。このようなIBの普及や拡大は，IBのカリキュラムの卓越性が広く認められてきたことを意味する。一方で，このプログラムが有効な生徒は，学習意欲が高く，主体性や能動性が求められる学習環境にすぐに適応できる者であるともされている。そのため，こうした教育プログラムが有効な生徒を見極める必要がある。また，世界共通のカリキュラムとはいえ，その国固有の文化や環境を踏まえなければ効果的な教育とはならないだろう。

　グローバル化によって学力やカリキュラム，評価方法などの世界基準の必要性や有効性は高まっている。しかし，国ごとに異なる文化や背景があることは忘れてはならない。わが国では，世界的な基準を踏まえつつそれらをどう日本の教育に反映させていくかが，求められるのではないだろうか。本章は，これについて考える重要な視点となるだろう。

参考文献

岩崎久美子・大迫弘和編（2017）『国際バカロレアの現在』ジアース教育新社。

大迫弘和（2016）『アクティブ・ラーニングとしての国際バカロレア―「覚える君」から「考える君」へ』日本標準。

（小林優子）

リードQ2　評価におけるカリキュラムと学力の関係について述べなさい

　カリキュラムに対する関心が高まる背景には，常に学力の問題が存在している。言い換えれば，カリキュラムは学力の問題によって転換してきたのである。我が国においてカリキュラムを規定してきたのは，学習指導要領である。学習指導要領は，国家機関である文部科学省が設定する教育課程の基準，すなわちナショナル・カリキュラムとして，我が国の学校教育の基盤をなしている。学習指導要領は，時代や社会の要請に合わせて，繰り返し改訂されてきた。評価の対象がカリキュラムであるのか，学力であるのか，それらをどのような方法で評価できるといえるのか。この点をめぐる議論として本章の各問いと答えを関連づけることが，評価におけるカリキュラムと学力との関係を捉える重要な視点となる。

　学力とは何かは，その時々の社会が要請する期待や要求をカリキュラムとして実現してきたものと捉えることができる。この四半世紀においては，学力とは何か，そもそも学力とは低下したのかどうか＝カリキュラムの問題をどう「評価」するのかが問われるようになった。それは，学力は学習指導要領とその評価の間で揺れ動き，時代や文脈によって「学力」の内実が大きく異なるからである。例えば，高度経済成長期最中の激しい受験競争の時代には，「暗記力」中心の「受験学力」が学力とみなされ，学習指導要領が定める学習内容も戦後で一番多いものとなった。しかし，昭和から平成に移る時期に打ち出されたゆとり教育の時代には，学習内容は大幅に削減され，知識の習得だけでなく，関心・意欲・態度も「新しい学力」であると捉えられた。

　カリキュラムとその評価によって生まれる学力観は，実際に数値化された学力とカリキュラムの相互作用を通して，時代と共に繰り返し変化してきた。しかしながら，その一方で，近年，カリキュラムを通して子どもたちがどのように学び，何を学んだかを評価し，次に何を教えるべきかを考えることをも含むカリキュラム概念の拡張が見られる。ここでいうカリキュラムとは，国の教育政策を反映した上で要求される学力を示すナショナル・カリキュラムではなく，

教師による日々の教育実践における指導計画である。学習指導要領にも「指導の過程や成果を評価し，指導の改善を行い」とあるように，教師には，指導計画を実践後に評価し，振り返り，それをもとに絶えず改善していくことが要求される。すなわち，指導計画に基づいて教育実践が行われ，実践後，評価によって計画や実践の振り返りおよび点検がなされ，その評価に関する情報が改善点として次の計画に追加されていくというように，指導計画と実践と評価は循環関係として捉えられている。こうしてカリキュラム概念を拡張し，教育評価行為を位置づけることは，計画から実践の間に距離感があるなかで，意図的な計画性に基づいて設計されたカリキュラムから，子どもたちは実際には何を学んだかというリアルな視点をもつことを要請する。すなわち，カリキュラムの適正や精度を測るための評価，あるいはただ単なる数値として子どもの学力が示される評価だけでなく，子どもたち自身が，カリキュラムを通して，何をどのように学んだかが把握でき，それぞれの学びに生かしていけるような評価のあり方を考えることが求められる。

　カリキュラム概念は，国家レベルから実践レベルまで広い意味で使われる。しかしながら，どちらにも共通することは，常に子どものリアルとの往還・循環関係を抜きには成立しないということである。国際学力テストや全国学力・学習状況調査，定期試験や入試では，学力が測定されるが，それらの方法で把握される学力は限定的な ものである。それ以上に測定できない多様な学力が子どもたちには育っている可能性があり，場合によっては，その子自身にとって測定可能な学力よりも優先されるべきものであるかもしれない。また，実践においても評価される学力が，教師の指導や見方に大きく左右され，時には限定的で恣意的なものになる。よって，指導目的の成果としては評価こそされないが，指導の過程や以前からすでに子どもの中に存在しつつある学力を，教師自身がいかに指導的な評価にとらわれず見出していくことができるかが重要である。したがって，評価においては，カリキュラムと学力とがいかに関連しているのかをいかに評価するのかを意識して文脈を規定しつつ，常に評価の対象や測定方法が吟味されなければならない。

（松浦明日香）

Q1 近年の日本における学力概念の変遷について説明しなさい

1980年代以降，日本における学力概念は大きく転換し，学力概念の再検討が行われるようになった。このような学力の再定義に関する議論は，日本に限った話ではなく，諸外国の教育動向とも深く関わっている。

本節では，日本における学力概念の変遷について，日本国内の議論とそれに影響を与えたOECD（経済協力開発機構）加盟国を中心とした諸外国での議論を説明していく。また，今後求められる学力についても触れる。

1. 「生きる力」の提唱

1970年代の日本では受験戦争の激化により，いかに多くの知識を記憶し，瞬時にそれらを引き出せるかといった，知識の詰め込み教育が中心であった。学習指導要領の内容も現在よりもはるかに多く，この時代の「学力」が意味していたものは，知識の記憶量であったといえる。

しかし，1970年代の学習指導要領は内容過多で児童・生徒の負担が大きいとの批判が生じ，義務教育カリキュラムのスリム化が標榜されるようになる。これを受けて，1977年改訂学習指導要領から1998年改訂学習指導要領にかけて，カリキュラムの内容削減が図られた。特に，1989年版から1998年版にかけては，義務教育のカリキュラムが大幅に削られた。

このような教育内容のスリム化と並行して，1980年代になると受験戦争は落ち着き，知識の記憶量としての「学力」ではなく，新たな「学力」の再定義が求められるようになる。1989年改訂学習指導要領では，「学力観の転換」や「新学力観」といったキーワードが標榜された。そして，今後目指すべき学力として自ら学ぶ意欲や思考力，判断力，表現力などの能力が挙げられ，知識・理解よりも関心・意欲・態度の育成が重視されるようになった。

新しい学力観は，1996年改訂学習指導要領でより明確に反映された。そこでは変化の激しい当時の社会状況を踏まえ，学校で獲得した知識を覚えているだけではその先の社会に対応しきれないという状況が想定された。そのような

中で児童・生徒が身につけるべき学力とは，変化の激しい社会において自ら学び自ら考える力であるとされ，この新しい力は「生きる力」と呼ばれた。第15期中央教育審議会第一次答申によれば，「生きる力」には以下のような諸能力が含まれている。

　　ア．いかに社会が変化しようと，自分で課題を見つけ，自ら学び，自ら考え，主体的に判断し，行動し，よりよく問題を解決する資質や能力
　　イ．自らを律しつつ，他人とともに協調し，他人を思いやる心や感動する心など，豊かな人間性
　　ウ．たくましく生きるための健康や体力

　このように，1990年代の日本において児童・生徒に求められる学力は，それまでの知識の量から，自ら学ぶ「生きる力」へと変化していった。そして，それに対応する形で，教科内容の改革や週5日制の導入，「総合的な学習の時間」の新設などといった教育改革が実行された。

2. ゆとり批判と「確かな学力」

　学力観の転換とともに，教科内容を削減しゆとりを持たせた教育の実施が目指された。しかし，1998年告示の学習指導要領で教科内容や学習時間が大幅に削減されたことに対して，学力低下を危惧する声が上がり，これを受けて1999年以降学力低下論争が展開された。さらに2001年には，OECDが実施した国際学力調査（以下，PISA調査）において，読解力の成績が世界トップクラスでなかったことや，校外学習時間が参加国中最低だったことが明らかになり，学力低下に対するさらなる危機感へとつながった。批判のきっかけとなった1998年版学習指導要領は，「ゆとりのある教育活動」の展開が目指されていたため，教科内容や授業時数削減に対する一連の批判は，ゆとり批判と呼ばれている。

　これらの批判や危機感に対して文部科学省（以下，文科省）は，2002年に「確かな学力の向上のための2002アピール『学びのすすめ』」と題した提案を行った。ここでは，新しい学習指導要領について「『心の教育』の充実と『確かな学力』の向上とが教育改革の特に重要なポイント」として述べられており，「生きる力」に加えて新しく「確かな学力」という用語が使われた。2003

年の中央教育審議会答申では，「確かな学力」は「生きる力」の知の側面と位置付け，「知識や技能はもちろんのこと，これに加えて，学ぶ意欲や，自分で課題を見付け，自ら学び，主体的に判断し，行動し，よりよく問題を解決する資質や能力等までを含めたもの」として説明している。こうして2003年には，1998年改訂学習指導要領の一部が改訂され，「知識や技能」も重視された「確かな学力」の向上を目指す方針が打ち出された。

3．PISA型学力とリテラシー

2001年に日本の教育界に大きな危機感を与えたPISA調査の2003年調査では，読解力の順位がさらに下がり，学力低下を危ぶむ声はいっそう大きくなった。このように，2000年代以降，PISA調査の結果は日本の教育界に大きな影響を与えてきた。

PISA調査とは，現代社会が求める知識・技能を活用する能力を評価しようとする世界規模の調査である。知識や技能の習得にとどまらず，それらを活用して課題解決に向かう力が国際的に求められるようになったことを背景に，こうした世界規模の学力調査が行われるようになった。このような国際動向を踏まえた学力観は2008年改訂学習指導要領にも反映されており，「PISA型学力」とも呼ばれている。

PISA型学力とは，PISA調査で測られる「リテラシー」を指す。リテラシーとは本来読み書き能力のことを意味するが，OECDが示すPISAリテラシーは道具を相互作用的に用いることのできる能力のうち，測定可能なものをいう。ここでの道具には，言語・シンボル・テクスト及び知識・情報などが含まれる。PISA調査では読解リテラシー，数学的リテラシー，科学的リテラシーの3つが測定され，いずれにおいても提示されたテクストから必要な情報を選択し，それをもとに自らの考えを構成する力が求められる。このようなPISA型学力は，2007年から実施されるようになった「全国学力・学習状況調査」の問題にも反映され，初等・中等教育の現場へと浸透していった。

4．コンピテンシーと今後求められる学力

PISA型学力として日本に定着したリテラシーは，OECDが定める世界の若

者が身につけるべき能力の一部である。OECDは，PISA調査の開発に先立ちDeSeCoプロジェクトを立ち上げ，若者が身につけるべき能力のうち特に重要なものとして3つのキー・コンピテンシーを定義した。それは，①自律的に活動する力，②道具を相互作用的に用いる力，③異質な集団で交流する力の3つである。先に挙げたPISA型学力は，このうち主として②道具を相互作用的に用いる力の中で測定可能なものを指す点に特徴がある。

　キー・コンピテンシーに代表されるように，リテラシーよりも包括的で全体的な能力は，「資質・能力」と呼ばれ，近年関心を集めている。2018年版学習指導要領では，育成すべき資質・能力の整理が試みられた。

　このように，日本における学力観は知識の記憶量から資質・能力へと，より包括的で全体的な力へと変容していった。しかし，そういった力をいかにして育成し，評価するのかといった点については議論の余地が残されている。

参考文献

石井英真（2015）『今求められる学力と学びとは──コンピテンシー・ベースのカリキュラムの光と影』日本標準。

国立教育政策研究所編（2016）『資質・能力理論編』東洋館出版社。

佐藤博志・岡本智周（2014）『「ゆとり」批判はどう作られたのか──世代論を解きほぐす』太郎次郎社エディタス。

ドミニク・S・ライチェン，ローラ・H・サルガニク編（立田慶裕監訳）（2006）『キー・コンピテンシー──国際標準の学力を目指して』明石書店。

松下佳代編（2010）『〈新しい能力〉は教育を変えるか──学力・リテラシー・コンピテンシー』ミネルヴァ書房。

（小林優子）

Q2 ブルーム理論とその後の教育目標・評価論の動向について説明しなさい

1. ブルーム理論

　ブルーム（Bloom, B. S. 1913-1999）の理論は，1970年代にわが国に紹介され，今日の教育評価の基本的な考え方に多大な影響を与えている。その中心的な理論は次の3つである。①タキソノミーと呼ばれる教育目標の枠組みの開発，②診断的評価・形成的評価・総括的評価という教育評価の機能の提唱，③すべての教育目標の達成を掲げるマスタリー・ラーニング（完全習得学習）。

(1) タキソノミー（taxonomy of educational objectives）

　ブルームは，それまで体系的に整理され共通理解されているとは言えなかった教育目標において，体系的な枠組みの開発を試みた。

　そこでは，教育目標は2つの次元で整理された。1つ目の次元は，教育目標の種類に着目するもので，①知識・理解に関連する「認知領域」，②技術・技能に関連する「精神運動領域」，③意欲・態度に関連する「情意領域」という教育目標の3領域が示された。

　2つ目の次元は，各教育目標の習得の程度（深さ）に着目するものである。ブルームは目標を内容的局面（何を）と行動的局面（どのようにする）とに分けてとらえ，前者の習得の程度を後者で表すことを試みた。例えば，認知領域では「知る」「理解する」「応用する」「分析する」「総合する」「評価する」という順に，認知の深まりの程度を示す行動的局面を階層構造として示した。

(2) 診断的評価，形成的評価，総括的評価

　ブルームは，「診断的評価」「形成的評価」「総括的評価」という評価の機能を提唱し，教育実践に寄与するものとしての教育評価の意義を明確にした。これらの考え方は，学習の開始時点や途中や終了時点で，子どもの理解・習得状況を常に把握しながら指導を組み立てること（必要に応じて準備学習や補充学

習を行ったり，今後の指導計画を見直したりすること）といった今日的な指導観と評価観（「指導と評価の一体化」という）に大きな影響を与えた。

(3) マスタリー・ラーニング

タキソノミーで明らかにされたすべての教育目標は，すべての子どもに達成されることが理想だと考えたブルームは，それを実現するためにマスタリー・ラーニングの理論を授業実践に取り入れようとした。ブルームは，通常の一斉授業だけではそれを実現することは困難だと考え，子どもの適性や能力に応じて動機づけや学習の方法を変えることを提唱した。

2．ブルーム理論以後の教育目標・評価論の展開

ブルーム理論の影響を受けた教育目標・評価論は，当初，教育工学的アプローチを研究するポファム（Popham, W. J. 1930-）らの行動目標論と結びつきつつ展開することとなった。ポファムらの教育目標・評価論は，応用や分析といった複雑で高次の能力に関する目標を下位目標へと可能な限り分解することで目標の達成／未達成を一目で判断できるようにすることを重視した。

こうしたポファムらの影響を受けた教育目標・評価論は，「目標つぶし」的であるという批判を受けたが，ブルーム自身がこれを教育実践のダイナミズムを失わせるものとしてむしろ批判していることからも明らかなように，ブルームの教育目標・評価論はこれとは別物として理解されなければならない。

ブルームは，目標の本質的特徴を損なわないことを重視した。そして彼は，複雑で高次な能力や情意面に関する目標についての評価は，下位目標に分解するとその本質的特徴が損なわれると考えていた。こうしたブルームの考え方は，今日の教育目標・評価論の中心的な考え方となっており，ルーブリック等の質的な評価基準を開発する議論や，複数人による合意形成過程や評価者の専門性を高めるといった評価の新たな客観性を問う議論へと継承されている。

参考文献

B・S・ブルーム，G・F・マドゥスほか（梶田叡一ほか訳）（1973）『教育評価法ハンドブック―教科学習の形成的評価と総括的評価―』第一法規。

（北川剛司）

Q3 教育目標としてのコモン・コアとスタンダードがカリキュラム編成にどのような影響を及ぼすかについて説明しなさい

　国が一律に定める学習指導要領によって教育課程が編成される日本とは異なり，米国では各州政府がその責を負ってきた。その一方で，2010年に「各州共通基礎スタンダード」（Common Core State Standards）（以下，コモン・コア）が発表された。こうしたスタンダードがもたらす影響を説明する。

1．スタンダードとは何か

　「スタンダード（standard）」には，旗印（モデル・範例）や計るきまり（尺度・物差し）の意味がある。すなわち，ゴール（何がなされるべきか）とプロセス（どの程度うまくなされたか）の両方の意味を含む言葉である。この点から教育目標におけるスタンダードには，大きく2種類が考えられる。第一は，生徒が何を知り，何ができるべきかというインプット重視の「内容スタンダード」である。第二は，生徒がどの程度知り，どの程度できるようになるのかというアウトプット重視の「パフォーマンス・スタンダード」である。

　日本の学習指導要領は，国が制定した内容スタンダードとしての性格を帯びている。一方で，米国の各州が定めるスタンダードには，到達すべき学力水準というパフォーマンス・スタンダードの側面があり，州統一テスト（標準テスト）によって到達状況が図られることが想定される点で違いがある。

2．米国教育改革におけるスタンダードの性質

　米国では，1983年の『危機に立つ国家（A Nation at Risk)』の発表以降，連邦政府，州政府レベルでのスタンダードを設定する動きが進んだ（「スタンダード運動」）。規制緩和と市場原理導入の一方で，標準テストの結果を学区や学校の予算配分等に結びつける改革が進んだのである。それは2002年の「どの子も置き去りにしない法（No Child Left Behind Act)」制定，そして2009年以降の「頂点への競争（Race to the Top)」政策による，コモン・コアと共通コ

アテストの導入の促進という形で強化された。

　コモン・コアは，全米教育長協議会と全米州知事会を中心に48州，2準州，コロンビア特別区が参画して，英語と数学で策定された。これは法的拘束力を持つものではないが，頂点への競争政策と連動している。2015年制定の「全ての生徒が成功する法（Every Students Succeeds Act）」（以下，ESSA）を含め，連邦補助金を梃子にスタンダードの設定と標準テストなどのエビデンスベースのアセスメントの導入を進めることで，全米的な学校改善を狙うものであった。ただし，ESSA以降は，連邦政府の介入の権限は弱められ州独自のスタンダードの設定や，多様なアセスメントの導入が進みつつある。

3．コモン・コアとスタンダードの影響と課題

　米国におけるコモン・コアは，学力向上と各州間の格差是正も狙われていた。コモン・コアによってカリキュラムの全国的な標準化が図られるとともに，その到達状況を検証するというサイクルが確立されたのである。一方で，学校への過度のアカウンタビリティの追及や，スタンダードやテストの開発に民間企業や財団も関わるゆえ，公立学校の市場化や企業支配が進んだ点で批判がある。さらに全米共通であることによって，各州や教師の教育実践の独自性や多様性を損なうといった画一化や硬直化をもたらす懸念がある。

　こうした批判や課題の解決のために，スタンダードそのものの質を問う「設計スタンダード」の設定や，期待される生徒・学校のパフォーマンスに必要な環境などの諸条件を定める「教育条件スタンダード」を設定する重要性が指摘されている。内容／パフォーマンス・スタンダード自体を問い直し，それが行使される環境を見直していくことが課題とされている。

参考文献

石井英真（2015）『現代アメリカにおける学力形成論の展開—スタンダードに基づくカリキュラムの設計〔増補版〕』東信堂。

矢野裕俊（2018）「NCLB法以後の米国における州スタンダードとアセスメントをめぐる推移とその問題点」『アメリカ教育研究』(28)，pp.19-28。

（藤井真吾）

Q4 国際学力調査の動向からみた学力形成の課題について述べなさい

　ここ四半世紀のカリキュラム構成と学力形成に向けた授業づくりは，国際・国内学力調査の動向に大きく影響を受けてきた。戦後数多く実施されてきた学力調査は，「学力論争」とともにわが国の教育制度に大きな影響を与えてきた。それでも，TIMSSおよびPISA調査という2つの国際学力調査ほど，世界の教育実践に大きなインパクトを与えた調査はないだろう。

　TIMSS（Trends in International Mathematics and Science Study）は，国際教育到達度評価学会（International Association for the Evaluation of Educational Achievement: IEA）が1995年より4年ごとに実施している，小4・中2の算数・数学分野と理科分野の到達度調査である。

　TIMSS結果の上位国を見れば（表5-4-1参照），東アジア圏の諸国が多いことがわかる。公開されている問題例を見れば，TIMSSで調査されている「学力」は学校カリキュラムの定着度であるということがいえる。TIMSS調査に付随して実施されたTIMSS 1999数学授業ビデオ研究は，日本の子どもたちの高い学力を支える構成主義的な授業観と教師たちの協働による教育実践研究文化である授業研究をLesson Studyとして世界的に注目させることとなった。

　PISA（Programme for International Student Assessment）は，経済協力開発機構（Organisation for Economic Co-operation and Development: OECD）が2000年より3年ごとに実施している，15歳の子どもたちの読解リテラシー・数学的リテラシー・科学的リテラシーの3分野の「生きるための知識と技能（Knowledge and Skills for Life）」を測る調査である。

　PISAは，公開されている問題例（例えば有名な問題としては「落書き問題」）を見れば，TIMSSで測定される学力とは異なり，社会参加のための基礎となるリテラシーが調査されていることがわかる。「正答」が1つに固定される設問ではなく，答え方や考え方を自分なりの言葉で表現させようとするPISA調査の結果は，ドイツを発信源とする「PISAショック」という用語とともに，

表5-4-1　TIMSS中学校数学の結果一覧（抜粋）

TIMSS（1995）		TIMSS-R（1999）		TIMSS（2003）		TIMSS（2007）	
1 シンガポール	607	1 台湾	569	1 シンガポール	578	1 シンガポール	567
2 チェコ	574	2 シンガポール	568	2 台湾	571	2 台湾	561
3 日本	571	3 ハンガリー	552	3 韓国	558	3 日本	554
4 韓国	565	4 日本	550	4 香港	556	4 韓国	553
5 ブルガリア	565	5 韓国	549	5 エストニア	552	5 イングランド	542
6 オランダ	560	6 オランダ	545	6 日本	552	6 ハンガリー	539
7 スロベニア	560	7 オーストラリア	540	7 ハンガリー	543	7 チェコ	539
8 オーストリア	558	8 チェコ	539	8 オランダ	536	8 スロベニア	538
9 ハンガリー	554	9 イギリス	538	9 アメリカ	527	9 香港	530
10 イギリス	552	10 フィンランドほか	535	10 オーストラリア	527	10 ロシア	530

TIMSS（2011）		TIMSS（2015）	
1 シンガポール	590	1 シンガポール	597
2 台湾	564	2 日本	571
3 韓国	560	3 台湾	569
4 日本	558	4 韓国	556
5 フィンランド	552	5 スロベニア	551
6 スロベニア	534	6 香港	546
7 ロシア	542	7 ロシア	544
8 香港	535	8 イングランド	537
9 イングランド	533	9 カザフスタン	533
10 アメリカ	525	10 アイルランド	530

（出典：国立教育政策研究所 HP https://www.nier.go.jp/timss/）

世界のカリキュラム改革と教師教育改革を促した。

　わが国では2003年の低調な結果を受けて（表5-4-2参照），PISA調査は次の大きな3つの帰結を生んだ。第一に，「学力の構成要素」と「資質・能力」の規定である。2006年教育関連3法の「改正」によって，学校教育法第30条第2項に，「基礎的な知識及び技能」・「思考力，判断力，表現力その他の能力」・「主体的に学習に取り組む態度」が規定され，2017・2018年版学習指導要領における「育成すべき資質・能力」の3つの柱とも整合性がとられてきている。第二に，全国レベル（「全国学力・学習状況調査」：2007年〜）および地方自治体レベルでの学力調査の実施である。第三に，言語による表現の重視である。2008・2009年版学習指導要領に盛り込まれた「言語活動の充実」を皮切りに，「記述」あるいは「綴ること」の意義が強調されている。

　国際学力調査の動向は，何を「学力」として捉えるのかという問いを投げか

け，他者との関わりによって目の前の子どもたちを民主主義社会を生きる主体としていかに育てるのかという根源的問いへとわれわれを誘っている。

表5-4-2　PISA調査の結果一覧（抜粋）

調査対象国	PISA2000			PISA2003			PISA2006			PISA2009		
	読解リテラシー	数学的リテラシー	科学的リテラシー	読解リテラシー	数学的リテラシー	科学的リテラシー	読解リテラシー	数学的リテラシー	科学的リテラシー	読解リテラシー	数学的リテラシー	科学的リテラシー
日本	8位	1位	2位	14位	6位	1位	15位	10位	5位	8位	9位	5位
	522	557	550	498	534	548	498	523	531	520	529	539
フィンランド	1位	4位	3位	1位	2位	1位	2位	2位	1位	3位	6位	2位
	546	536	538	543	544	548	547	548	563	536	541	554
アメリカ	15位	19位	14位	18位	28位	22位	分析対象外	35位	29位	17位	31位	23位
	504	493	499	495	483	491		474	489	500	487	502
イギリス	7位	8位	4位	データなし			17位	24位	14位	25位	28位	16位
	523	529	532				495	495	515	494	492	514
ドイツ	21位	20位	20位	21位	19位	18位	18位	20位	13位	20位	16位	13位
	484	490	487	491	503	502	495	504	516	497	513	520
韓国	6位	2位	1位	2位	3位	4位	1位	4位	11位	2位	4位	6位
	484	490	487	491	503	502	495	504	516	497	513	520
フランス	14位	10位	12位	17位	16位	13位	23位	23位	25位	22位	22位	27位
	505	517	500	496	511	511	488	496	495	496	497	498
OECD平均	500			494	500		492	498	500	493	496	501

調査対象国	PISA2012			PISA2015			PISA2018		
	読解リテラシー	数学的リテラシー	科学的リテラシー	読解リテラシー	数学的リテラシー	科学的リテラシー	読解リテラシー	数学的リテラシー	科学的リテラシー
日本	4位	7位	4位	8位	5位	2位	15位	6位	5位
	538	536	547	516	532	538	504	527	529
フィンランド	6位	12位	5位	4位	13位	5位	7位	16位	6位
	524	519	545	526	511	531	520	507	522
アメリカ	24位	36位	28位	24位	40位	25位	13位	37位	18位
	498	481	497	497	470	496	505	478	502
イギリス	23位	26位	21位	22位	27位	15位	14位	18位	14位
	499	494	514	498	492	509	504	502	505
ドイツ	20位	16位	12位	11位	16位	15位	20位	20位	16位
	508	514	524	509	506	509	498	500	503
韓国	5位	5位	7位	7位	7位	11位	9位	7位	7位
	536	554	538	517	524	516	514	526	519
フランス	21位	25位	26位	19位	26位	26位	23位	25位	24位
	505	495	499	499	493	495	493	495	493
OECD平均	496	494	501	493	490	493	487	489	489

（出典：国立教育政策研究所HP　https://www.nier.go.jp/kokusai/pisa/）

（吉田成章）

Q5　カリキュラム評価と学校評価との関係を概説しなさい

　教育における評価の対象は，子どもの学力だけではない。近年では，授業やカリキュラム，教師や学校も評価の対象として挙がっており，それぞれの評価は教育という枠組みの中で密接に関連し合っている。本節では，カリキュラム評価と学校評価について概説したのちに，両者の関係をみる。

1．カリキュラム評価

　カリキュラム評価は，より良いカリキュラムの開発に向けた改善のために行われる。それゆえカリキュラム評価は，カリキュラム開発と表裏一体であると言える。

　1998年までの日本において，学校レベルでカリキュラムを開発するという発想はほとんどなかった。そのような中，1998年の中央教育審議会答申「今後の地方教育行政のあり方について」においては，教育の地方分権化とNPM（ニュー・パブリック・マネジメント）の導入が推進された。これによって各学校は，学校が掲げる独自の教育目標に基づいて，特色あるカリキュラムを編成することが求められた。こうしてカリキュラムは，各学校が開発し改善していくものとして考えられるようになった。また，カリキュラムの開発が重視されるようになったことで，開発したカリキュラムの評価と改善に対する関心も高まった。

　学校レベルにおけるカリキュラムの開発や，その評価と改善は，カリキュラム経営という一連のプロセスの中で進められる。そのプロセスをPDCAサイクル（Plan→Do→Check→Action）として捉える考え方が広がった。つまり，教育目標を設定しそれに合わせたカリキュラムを作成して実施し，実施したカリキュラムに対して，当初の目的や目標を達成できたかどうかを評価することで，カリキュラムを修正し改善していく。このように，カリキュラムの目標，内容，計画，方法など，カリキュラムの全体とその実施結果を評価の対象とし

て，開発の手順と方法，実施成果，指導組織，指導方法，学習環境などの観点から評価することを，カリキュラム評価という。

このようなカリキュラム評価を含むカリキュラム経営は，総合的な学習の時間が新設され，その実践が各学校に任されたことにより，学校現場に徐々に定着していった。そうしたカリキュラム経営は，各学校の特色を教育活動に反映するための重要な機能として位置づけられている。

近年注目されているカリキュラム設計論として，「逆向き設計」論がある。これは，カリキュラム設計を行う際に，目標を明確にすることや，評価方法をあらかじめ構想しておくことを提案している。それは，評価基準だけでなく評価方法も事前に明確にしておくことから，目的や目標の達成度合いを評価する「目標に準拠した評価」よりもさらに進んだカリキュラム設計論であるという見方もできる。このように近年では，カリキュラム設計においてカリキュラム評価の重要性がますます高まっている。

2. 学校評価

学校評価への関心が高まる契機となったのは，前節でも触れた1998年の「今後の地方教育行政の在り方について」である。この答申では教育の地方分権が求められたが，それと関わって公立学校の自主性・自律性を確立することが目指された。そして，学校の自主性・自律性を確立するために，教育目標や教育計画，並びにその達成状況の自己評価について保護者や地域住民へ公表することが求められた。こうして，学校による自己評価は，学校の自主性・自律性を高めるための重要な手段として位置づけられた。

さらに，2005年の中央教育審議会答申「新しい時代の義務教育を創造する」では，学校評価の充実についてより具体的な提言がなされた。そこでは，「保護者・国民の関心の高まりへの応答」のために，「学校や自治体の取り組みの成果」を評価して「学校教育の質を保証する」ことが重要であると述べられた。2007年には学校教育法ならびに学校教育法施行規則が改正され，各学校における自己評価が法的根拠を持って義務化された。

2008年には，2006年に作成された「義務教育諸学校における学校評価ガイドライン」が改訂され，その対象は高等学校にまで広げられて「学校評価ガイ

ドライン〔改訂〕」として作成された。このガイドラインでは，学校評価の目的が3つ示されている。すなわち，学校として組織的・継続的な改善を図ること，学校・家庭・地域の連携協力による学校づくりを進めること，教育の質を保証することの3つである。また，学校評価の方法については，教職員が行う自己評価，保護者や地域住民によって構成された評価委員会等が行う学校関係者評価，専門家等による客観的な第三者評価の3つが提案された。なお2010年には，第三者評価の実施について加筆された再改訂版が出されている。

　このように各学校は評価項目を独自に設定し，多方面からの評価を行うことが求められている。その中で評価そのものを目的としてしまうのではなく，評価の結果を実践の改善へと結びつけることが課題となっている。

3．カリキュラム評価と学校評価の関係

　カリキュラム評価においても学校評価においても，日本において注目されるようになったきっかけは1998年の中央教育審議会答申であり，両者の目的は深く関連している。カリキュラム評価は，学校教育において重要な位置を占めるカリキュラムの改善を目指した評価である。それに対してカリキュラムの評価や改善にとどまらず，学校における教育活動をより包括的に評価する活動が学校評価であると言える。

　また，カリキュラム評価と学校評価は，地域との関連が重要であるという点において共通している。自然体験やボランティア活動，社会体験や見学といった体験的な活動を含むカリキュラムの構築にあたっては，地域の豊かな人材や環境を活用することが望まれる。例えば，生活科や総合的な学習の時間における体験活動や，キャリア教育における職場体験学習などがそれに当たる。こうしたカリキュラムの開発や改善にあたっては，学校の外部である地域との連携が不可欠である。そこにおいて，地域と協力した学校づくりを目指す学校評価は重要な役割を果たすと考えられる。

　2017年改訂学習指導要領では，「カリキュラム・マネジメント」という言葉が登場した。これは，これまでのカリキュラム評価や学校評価と同様に学校のカリキュラムを評価し改善していくことに加え，教科横断的な視点でのカリキュラムの開発や，地域等の学校外の資源を活用することが強調された。そし

て，このようなマネジメントは，校長を中心としつつ学校全体で取り組むことが目指された。つまり，カリキュラムの開発や改善は学校経営の中で重視されており，今後はますますカリキュラムレベルの評価と学校評価を切り離してとらえるのではなく，学校評価の一部分としてカリキュラム評価を位置づけることが重要になると言えよう。

参考文献

天野正輝（2006）『評価を生かしたカリキュラム開発と授業改善』晃洋書房。

木岡一明（2004）『学校評価の「問題」を読み解く—学校の潜在力の開発—』教育出版。

西岡加名恵・石井英真・田中耕治編（2015）『新しい教育評価入門—人を育てる評価のために—』有斐閣。

G.ウィギンズ，J.マクタイ（2012）（西岡加名恵訳）『理解をもたらすカリキュラム設計—「逆向き設計」の理論と方法—』日本標準。

（小林優子）

Q6　パフォーマンス評価について具体例を挙げながら説明しなさい

1．パフォーマンス評価とは何か

(1) 把握と判断

　評価は把握と判断の連続する過程から成る。子どもの習得状況は彼の顔をただ見ているだけでは分からない。また習得状況を瞬時に可視化するメガネのような装置があるわけでもない。子どもの習得状況は，それを見取るために作られた何らかの課題に子どもを取り組ませることで初めて把握することができる。しかし，習得状況を把握しただけでは，指導や学習改善のための手がかりとして十分とは言えない。例えば「この子どもはこのテストで80点だった」という事実が把握されたとして，そのことが関連する教育目標の達成を意味するのか否か，あるいは，どの程度の達成を意味するのかは，把握したことについて何らかの判断がなされることで初めて明らかになるのである。

　このように評価を把握と判断の過程に区別して考える時，パフォーマンス評価は把握のための行為・方法であると言える。そしてもう一方の，判断のための行為・方法とは，相対評価や絶対評価のことを言う。

(2) 客観テストとパフォーマンス評価

　語句の穴埋め問題，多肢選択式問題，正誤式問題といったように，正答かそうでないかが誰の目からも明らかで，採点者によることなく必ず同じ採点結果となる筆記式の把握方法を客観テストと言う。一方，パフォーマンス評価とはパフォーマンスにもとづく評価のことで，こうした客観テストでは見取ることのできない実技能力，および，複雑な思考力や問題解決力を見取るのにふさわしい方法として期待されている。

　図5-6-1には客観テストとパフォーマンス評価のそれぞれで把握できる範囲が示される。図5-6-1から，客観テストは筆記式かつ比較的単純な能力を把握するのに相応しいと考えられていることが分かる。一方，パフォーマンス評価

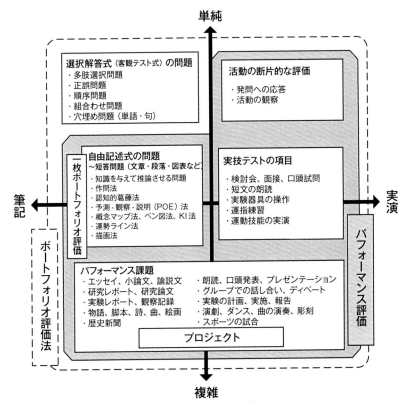

図5-6-1 評価方法の分類 （出典:西岡2009, p.9）

は図5-6-1で客観テストの範囲を除いたすべての範囲を覆っている。具体的には，①筆記式かつ客観テストよりやや複雑な能力の把握のために用いられる「自由記述式」，②実演式かつ単純な知識や技能の把握のために用いられる「活動の断片的な評価」，③実演式かつ「活動の断片的な評価」よりもやや複雑な能力の把握のために用いられる「実技テスト」，④筆記式か実演式かにこだわらず比較的複雑な能力の把握のために用いられる「パフォーマンス課題」の5種類の方法が包含されていることが分かる。さらに図5-6-1にはこれら5種類の方法それぞれのより具体的な方法についても示されている。

136

2．パフォーマンスの判断

　図5-6-1の示すように，パフォーマンス評価は客観テストよりも複雑な能力の把握を担うものとして期待されていることが分かる。こうした複雑な能力については，客観テストで扱うことのできる単純な知識や技能のように，「できた／できない」の二分法ではとらえられない。それゆえ，教育目標と照らした達成状況を質的な数段階の基準を用いてどの程度であるか示すほかない。各基準について具体的なパフォーマンスの様子を示しながら記述した質的な評価基準のことをルーブリックと呼ぶ。ルーブリックは，パフォーマンスの判断のための共通言語として，子どもとの話し合いを取り入れる参加型評価や，評価の専門性を高めるための教員研修の際に欠かせない道具となっている。

参考文献

ダイアン・ハート（田中耕治監訳）（2012）『パフォーマンス評価入門—「真正の評価」論からの提案—』ミネルヴァ書房。

西岡加名恵（2009）「パフォーマンス課題の作り方と活かし方」西岡加名恵・田中耕治編著『「活用する力」を育てる授業と評価　中学校』学事出版。

西岡加名恵・石井英真編著（2019）『教科の「深い学び」を実現するパフォーマンス評価—「見方・考え方」をどう育てるか—』日本標準。

松下佳代（2007）『パフォーマンス評価—子どもの思考と表現を評価する（日本標準ブックレット）』日本標準。

（北川剛司）

Q7 指導と評価の一体化とは何か，説明しなさい

　指導と評価の一体化とは，指導の改善と評価を結びつけて捉える考え方のことを言う。このような評価の考え方は1970年代のアメリカで注目されたのち，1980年代以降形成的評価の理念として日本に広く受け入れられ，2001年改訂指導要録にも反映された。さらにこの考え方は，2017年改訂学習指導要領においても強調されており，近年改めて注目されている。本節では，形成的評価論を概観した上で，2001年改訂指導要録と，2017年改訂学習指導要領において強調された指導と評価の一体化について説明する。

1．形成的評価

　形成的評価とは，教育評価が持つ3つの機能のうちの1つである。教育評価の機能は，診断的評価，形成的評価，総括的評価の3つに大別されてきた。診断的評価とは，授業の開始前に生徒の状況を把握することを目的とした評価である。そこでは主に，生徒の興味やパーソナリティ，適性などを評価する。形成的評価とは，授業や子どもの学習，カリキュラムの改善を目的として行われる評価である。総括的評価とは，カリキュラムや教育計画の終わりに，その効果や有効性を測るために行われる評価のことをいう。

　この中でも，形成的評価は日本の評価論に大きな影響を与えた。形成的評価は教師の指導を改善するために行う評価であり，指導と評価は相互に往還的なものだとする捉え方として，「指導と評価の一体化」と呼ばれ実践にも定着していった。例えば普段の授業の中で教師は，授業中の生徒の観察や，机間指導，ノート点検といった様々な評価活動を行うことで，その都度生徒の状況を確認し，授業に反映させている。また，単元の途中で行われる小テストも，成績評価のためではなく，生徒のつまずきを発見し授業の改善に生かすことが重要である。こうした形成的評価の理念が広がるとともに，評価は子どもの成績をつけることが目的であるという考えから，指導改善のための評価という「指導と評価の一体化」の考え方が授業レベルで浸透していった。

２．2001 年改訂指導要録における「指導と評価の一体化」

　上述のような授業レベルの変化は，指導要録の変化からも影響を受けている。1980 年改訂指導要録から，生徒の成績をつけることを目的とした相対評価だけでなく，学習状況を把握するための絶対評価が取り入れられた。そして 2001 年に改訂された指導要録の最も大きな点は，これまで採用されてきた相対評価はなくなり，「目標に準拠した評価」として絶対評価が採用されたことである。そのような中で，「指導と評価の一体化」という考え方が強調されていった。

　2000 年に出された教育課程審議会答申「児童生徒の学習と教育課程の実施状況の評価の在り方について」では，これからの評価の基本的な考え方として「指導と評価の一体化」が示されている。それによれば，指導と評価の一体化とは，「指導と評価とは別物ではなく，評価の結果によって後の指導を改善し，さらに新しい指導の成果を再度評価するという，指導に生かす評価を充実させること」として説明されている。また，学習の結果を評価するだけでなく，指導の過程における評価の工夫をすることも求められている。このような考え方はまさに，上述した形成的評価の考え方であるといえる。この頃に，指導要録や答申，学習指導要領において，形成的評価の考え方が色濃く反映されている。

　さらにこの答申では，こうした評価は児童生徒や保護者と共有していくことが重要であると述べられている。その際に評価規準や学校としての評価の考え方や方針，教育計画を説明することの重要性も指摘されている。

３．2017 年改訂学習指導要領における「指導と評価の一体化」

　2001 年改訂指導要録に反映された「指導と評価の一体化」は，2017 年改訂学習指導要領においても引き続き重視されている。2017 年改訂学習指導要領では，各教科の目標および内容が育成を目指す「資質・能力」の観点から整理され，各教科において学習者が「何ができるようになるのか」が明確化された。また，「資質・能力」の育成のために授業改善の活性化が目指されており，教師は整理された目標をもとに学習者の学びを捉え，授業改善をはかるという

「指導と評価の一体化」がますます求められている。さらに，この改訂のポイントとして「カリキュラム・マネジメント」という用語が明文化された点も挙げることができる。つまり，教育課程の実施状況を評価してその改善を図っていくこと等を通して，教育活動の質の向上が目指されている。このような動向を受けて，国立教育政策研究所は「『指導と評価の一体化』のための学習評価に関する参考資料」を作成するに至っている。

　このように「指導と評価の一体化」は，日本において1980年代から強調されてきた。しかし近年では，「資質・能力」に代表されるように評価する能力が複雑化しており，評価の方法も複雑になりつつある。例えば，単に筆記テストで数値化するのではなく，パフォーマンス評価に代表されるように授業中の発言やノートの記述，制作物といったパフォーマンスを評価することが求められている。しかし，そうした評価は手間や時間を要する。教師の負担が増えることが予想される中で「指導と評価の一体化」を目指すには，子どもの学びの実態を確認すべきポイントを明確にし，指導改善までを踏まえた評価方法を設定することが必要である。

参考文献

西岡加名恵・石井英真・田中耕治編（2015）『新しい教育評価入門』有斐閣。
田中耕治編（2002）『新しい教育評価の理論と方法［I］理論編』日本標準。
国立教育政策研究所教育課程研究センター「『指導と評価の一体化』のための学習評価に関する参考資料—小学校国語—」https://www.nier.go.jp/kaihatsu/pdf/hyouka/r020326_pri_kokugo.pdf（2020年5月11日閲覧）

（小林優子）

Q8　資質・能力の育成と見方・考え方との関係について述べなさい

　2017・2018年改訂の学習指導要領は，2000年代に端を発し，長らく発展してきた資質・能力をベースとしたカリキュラム改革を基軸として，「何を理解しているか，何ができるか（生きて働く「知識・技能」の習得）」，「理解していること・できることをどう使うか（未知の状況にも対応できる「思考力・判断力・表現力等」の育成）」「どのように社会・世界とかかわり，よりよい人生を送るか（学びを人生や社会に生かそうとする「学びに向かう力・人間性等の涵養」）」という「３つの柱」を偏りなく育成することを目指している。

　資質・能力の育成の３つの柱を支えるのがアクティブ・ラーニングである。何を学ぶかだけではなく，それをどのように学ぶのか，も含めた，「主体的・対話的で深い学び」（前者２つが方法，後者が目標という位置づけがよくなされる）という３つの柱をかみ合わせて，資質・能力を育成しようとしている。

　しかしながら，様々なツールや手法を組み合わせて活動的に何かを作らせてみたり，子どもに議論をさせてみたりするものの，アクティブ・ラーニング型授業で本当に子どもが何か学んでいるのか，力をつけているのか，という疑問が多くが寄せられ，資質・能力の育成には，教科上の体系的な知識や技能を習得させることが伴うべきであること，場合によっては資質・能力の育成の「基礎」に教科知識があることが批判的に指摘されるようになった。とりわけ，資質・能力の育成の議論が，汎用的な能力の育成，あるいは知識を探究する態度などに着目すると宣言したことによる既存の教科の枠のイメージを越えた教科横断的カリキュラム改革を目指してきたことからも，この二項的な論争が特に強調されていた。

　能力論と知識論の教育課程論上の対立はそれ自体数先年の歴史ある古典的議論であるが，今日の文部科学省に見られる対立解消の糸口は，「教科の見方・考え方」論に見出されている。

　「教科の見方・考え方」は「各教科等の特質に応じた物事を捉える視点や考え

方」と定義され，とりわけ「深い学び」へと向かう授業改善の鍵とされており，アクティブ・ラーニングとも密接に結びつけられている。「見方・考え方」は教科に留まらず，総合的な学習の時間や特別活動にも同様に設定されており，資質・能力の育成，あるいは道徳教育とともに学校教育全体を貫く原理ともなりうるものとして設定されている。教科の「見方・考え方」は，その今日的成立背景そのものにおいて資質・能力論とのセットとして提案されており，ゆえに両者は密接な関係にあるということができる。

　しかしながら，学校教育を形作ってきた教科学習と学校を越えて生活の中で思慮深く主体的に生きていくことの関係性という重要な論点が，なぜ今「見方・考え方」で語られるのだろうか。「資質・能力」論が「見方・考え方」とともに語られることにはどのような意義や課題が指摘されうるだろうか。

　まず，「見方・考え方」という言葉が，その概念の歴史において，単純な教科体系の蓄積だけを視野に入れたものではないということが挙げられる。「見方・考え方」は，日本ではすでに戦後の民間教育研究団体の実践研究のなかで培われてきた言葉である。そこでは子どもが生活世界をどのように見ているかという，科学的知が生活経験の中に織り紡がれていくことが何よりも念頭に置かれている。その点で，資質・能力が，得た知識や技能を社会生活で生かしていく力を目指している事に親和的な概念史が裏付けられている。

　このことは同時，見方・考え方論の思想史的背景には直観教授にまで遡りうる人間学的，認識論的深みがあることを示唆する。今日の「見方・考え方」論がそうした思想史的深みとのつながりの中で今日の学校教育再編の論理たりうるかは，理論的・実践的な研究を俟たねばならない。

参考文献

石井英真（2017）「資質・能力ベースのカリキュラム改革と教科指導の課題—教科の本質を追及する授業のあり方—」日本教育方法学会編『教育方法47　学習指導要領の改訂に関する教育方法学的検討』図書文化社。

柴田義松編（2009）『教科の本質と授業—民間教育研究運動のあゆみと実践—教科の本質がわかる授業シリーズ総論』日本標準。　　（宮本勇一）

第6章　子ども理解に基づく
学級経営と生活指導

1．子どもの生育環境と発達をめぐる危機

　厚生労働省によれば，2016年における「子どもの貧困」率は13.9％，
2018（平成30）年度における児童相談所での児童虐待相談対応件数は
159,850件。また文部科学省によれば，2018年度における小学校，中学校，
高等学校での「暴力行為」件数は72,940件。「いじめの認知件数」は
543,933件。「不登校」は217,251人。そして自ら命を絶った児童・生徒が
332人。いま，子どもたちの生育環境は極めて危機的状況にある。

　子どもたちの生育環境と発達が問題化されたのは1970年代半ばである。竹
内常一（1935-2020）は，高度成長にともなう子どもの生育環境の変化が，
他者とともに生きる“わざ”を含む「文化としてのからだ」の発達を阻み，さ
らに学校が能力主義的・管理主義的な色調を強めていくことで，子どもの自閉
化，無気力化，非行へとつながっていると指摘した。また折出健二（1948-）
は，子どものいじめ問題や人格発達に関する長年の研究から，人格発達は「他
者」とのかかわりによる「自己」の変化・発展の過程であると論じ，子どもの
発達をめぐる今日的問題は，市場原理優先の社会と学校において，子どもと保
護者・教師・友人といった「他者」との関係が支配的・抑圧的になっている点に
あると指摘している。

　こうした成育環境のなかで，愛着形成や自己と他者への「基本的な信頼感」
の獲得に課題を抱える子ども，遊びの経験や他者とのかかわりの経験が少ない
子どもが増えている。そのような子どもたちは，他者に自己の気持ちや意図を
言語化して受け取ってもらう経験が少ないゆえに，自己と他者を否定的にとら
えるようになり，不快な感情を暴力的な言葉や行動として表出するようにな
る。その言動により，さらに他者から遠ざかり，自己否定・他者否定のループ
へと陥っていく。冒頭に挙げたデータの背後には，こうした現状がある。ま
た，子どもを育てる保護者が抱えている困難や生育史もある。そして，これら

の諸矛盾が教室に持ち込まれることになる。

2. 求められる教師の専門性と教育上の困難

　上記の子どもの状況に対して，求められる教師の専門性も高度なものとなりつつあると同時に，教師自身が晒される状況も厳しさを増している。

　子どもを理解するにあたり，教師は2つの視点が求められる。1つには「一般性理解」であり，もう1つには「個別性理解」である。前者はある発達段階における児童生徒の一般的な姿に関する理解であり，後者は一人ひとりに対する個別の深い理解である。これらの視点でもって，身体的な能力，知的な能力，学力，性格的な特徴，興味や要求や悩み，交友関係，家庭環境，生育史など様々な側面を理解する必要がある。さらに，子どもたち同士の関係性や学級集団としての姿の理解も重要である。これらの理解は，教師の成長と関わりながら，実践的知識として蓄積されるものである。

　また，子どもの背景や状況の多様化は，子どもたちが所属する「学級」という単位を用いる現在の教育環境において，さまざまな困難を生じさせている。「学級」は，機能的に学習集団と生活集団の両方から捉えられる。教師は両機能を統合させつつ学級経営を行うが，学級崩壊などのことばに代表されるように，その困難さが指摘されている。それは，子どもたちの経験や価値観が多様になる中で，お互いへの関心や共感を持つことが難しくなり，いわゆる授業規律が成立しにくくなるという困難さである。そのうえ，多様なニーズに応じた指導の充実も求められ，子どもたち自身の思いや考えもまた尊重しなければならないという状況で生じる困難さである。

　これらのような教育上の困難さに加えて，教師の多忙化が取り沙汰されるように，子どもたちと接する時間等を確保するのが困難になるばかりか，発達障害など専門的な知識を更新する時間や機会の確保も難しい状況にある。

　こうした厳しい状況への対応のために，複数担任制や小学校での教科担任制などの方策も導入されつつある。しかし，これらの方策はこれまでの一人の担任教師による丸抱えの指導という方法からの転換も迫るため，いかに教師同士が協働するかという新たな課題も生じさせている。

3．本章を構成する問い

　学校は，子どもの学力形成と人格形成を担う教育機関である。それらの教育活動を効果的に展開するために「学級」という組織が編成され，学級を受け持つ担任教師が置かれてきた。しかし，子どもと教師が置かれている状況はともに厳しさを増すばかりである。そこで，子どもの発達と人格形成のあり方を問うてきた「生活指導」の視点を持ちながら，改めて「子ども理解に基づく学級経営」のあり方を問う必要がある。

　まず学校教育の構造にもとづいて考えてみよう。学力形成と人格形成は，学級を基盤とする教科指導と生活指導という形で行われているが，それらは学級経営においてどのような役割を果たすのか。それを問うためにＱ１では，学級を「集団」としてとらえる必要が提起され，Ｑ２では「担任制度」の成立と変遷から，教師の配置にともなう指導のあり方，協働のあり方について問題提起されている。

　次に，教師は学級をどのような「集団」としてとらえ指導すればよいかが問われる。Ｑ３では，学級における集団が所与のものではないことを「学習集団づくり」の理念を通して問い直している。こうした目標概念である集団「づくり」の達成には，教科と教科外の指導が不可欠である。この両面に関わって，Ｑ４では授業の成立に寄与する規律指導のとらえ方が，Ｑ５では「生徒指導」と異なる「生活指導」が今日に至るまで強調される背景が問われている。

　そして，学級経営は教師が一方的に行うものであってはならず，子どもたち自身の教育を受ける権利の保障の観点が求められる。ここにおいてＱ６では，今日のインクルーシブ教育推進をふまえ，多様なニーズをもった子どもたちが学級に集うゆえに求められる配慮とは何か。Ｑ７では，子どもの権利を保障するような学級経営とはどのようなものかが問われることになる。

　では，こうした課題をふまえて，日常の具体的な教育実践をどのように展開していくことができるだろうか。Ｑ８では，学級経営における「授業づくり」と「学級づくり」の連関のあり方が問われ，学級経営の軸となり，授業内（教科）と授業外（教科外）で形成され，発展していく「子どもたちの人間関係」という視点が提起されている。

　「子ども理解に基づく学級経営」の今日的課題は，多様な背景と発達課題を有する子どもたちの人間関係を，安心・安全なものとして，また学力と発達を保障するものとして構築することにある。その出発点には，多忙化する学校のなかで，教師と子どもの関係づくりという課題もある。

　本章を構成する問いのなかには，子どもと教師がともに困難を抱える今日を切り拓く手がかりが示されている。各問いのなかで示される学問的知見や参考文献に触れつつ，本章を読むあなたご自身の問いを深めてもらいたい。

参考文献

梶田叡一（1972）『児童・生徒理解と教育の過程』金子書房。

折出健二（2018）『対話的生き方を育てる教育の弁証法──働きかけるものが働きかけられる』創風社。

厚生労働省（2018）「グラフでみる世帯の状況──国民生活基礎調査（平成28年）の結果から」。

厚生労働省（2019）「平成30年度の児童相談所での児童虐待相談対応件数（速報値）」。

竹内常一（1976）『教育への構図──子ども・青年の発達疎外に挑む』高校生文化研究会。

文部科学省（2019）「平成30年度児童生徒の問題行動・不登校等生徒指導上の諸課題に関する調査結果について」。

（佐藤雄一郎・藤井真吾）

Q1 教科指導と生活指導が学級経営に果たす役割を説明しなさい

　学級経営とは，教師が子ども一人ひとりの最大限の発達を期して行う，学級に対する意図的で組織的な指導の総体である。学級経営には，机・椅子や掲示等の教室環境の整備，指導要録への記載，保護者との連絡，学級会計等，学校運営上の管理も含まれる。だがそれ以上に，学級を子どもたちの学校生活の拠点として把握することで，教科指導と生活指導を含む，学級を基盤としたすべての教育活動をつらぬく概念として，学級経営は理解される。

　学級経営の中心的課題は，学級を「集団」としてとらえ，集団の質的な発展をつくりだすことにある。そもそも学級は，歴史的には教授の経済性と効率性を目的に導入されたものである。子どもたちにとっては大人によってつくられた集団であり，当初は「居場所」でもなければ，他者とともに学習し生活する意味を見出すことができる空間でもない。学級集団の質は，子どもたちの発達にも大きな影響を持つ。そのため，教師が教科指導と生活指導を通して，学級をそのような空間にしていくことが課題となる。

　では教科指導は，学級集団の発展にどのように寄与するのか。授業における集団の力に着目し，授業によって集団の発展を導く教授学理論・授業理論に「学習集団づくり」がある。吉本（1995）は，授業における全員参加と教科内容理解を保障する「学習指導案」の構想，さらにかかわり合いと意見の絡み合いがある「学習規律」の指導を通して，学級を思考し問答する「学習集団」にしていく必要を説いた。「学習集団づくり」の核心は，子ども一人ひとりを「主人公」にする＝学習主体の形成にあり，学習主体の形成と学力形成とを統一的に果たす集団の創造が求められている。

　他方，生活指導は学級集団の発展にどのように寄与するのか。子どもたちの民主的人格の形成を目指し，学級に平和と人権尊重を実現していく生活指導理論に「学級集団づくり」がある。1959年に結成された全国生活指導研究協議会は，日本の生活綴方教育の「生活台に姿勢する」という基本姿勢のもと，マ

カレンコ（Makarenko, A. S. 1888-1939）の訓育理論を基盤とした「班・核・討議づくり」による自治的集団の形成によって，子どもたちに民主的な人格を形成する必要を提起した。「学級集団づくり」の核心は，子ども一人ひとりを自分と他者の人間的要求を受けとめ，「共同」世界の実現に向けて環境に働きかける「生活者」にする＝生活する主体の形成にあり，生活主体の形成と人格形成とを統一的に果たす民主的で自治的な集団の創造を目指している。

　教科指導と生活指導が学級に果たす役割は「集団」の発展だけではない。陶冶を固有の役割にもつ教科指導は，教科内容を通して，子どもたちの世界や社会に対する「認識」を指導する。知識や技能を新たに得ること，知的に発達していくことの喜びは，子どもたちの学ぶ意欲となっていく。また，訓育を固有の役割にもつ生活指導は，学級生活で起こる様々なトラブルを通して，子どもたちの生活に対する「行動」を指導する。一緒に遊ぶ友達や互いを理解し信頼し合う「仲間」ができること，自分の生活がより充実していくことの喜びは，子どもたちの生きる意欲となっていく。

　しかし，今日の子どもたちは多様な教育ニーズをもっている。1970年代以降，社会や家庭生活の変化を背景とした子どもの発達疎外，ネグレクトや虐待，発達障害，校内暴力やいじめ等の課題が顕在化してきた。また学校は管理主義的・能力主義的な性格を強めてきた。学級はしばしば，不信や排除や暴力による分断の空間にもなっている。この状況から出発し，学級に「共同」世界をつくりだすこと，またそれによって「居場所」や他者とともに学び生活する意味を保障し，豊かな発達と意欲をつくりだしていくこと，こうしたことが今日の学級経営における教科指導と生活指導の大きな役割である。

参考文献

全生研常任委員会企画，竹内常一・折出健二編著（2015）『生活指導とは何か』高文研。

宮坂哲文（1964）『学級経営入門』明治図書出版。

吉本均（1995）『思考し問答する学習集団─訓育的教授の理論』明治図書出版。

（佐藤雄一郎）

Q2 担任制度と学級経営の変遷と課題について述べなさい

　小学校における教科担任制の導入も取り沙汰される中，担任制度と学級経営はどのように関わってきており，どのような課題を持つのだろうか。

1.「学級」と担任制度の成立と現在

　「学級」とは，一定期間，授業のために同年齢の児童生徒で編成される集団を意味する，近代以降に成立した概念である。個別指導に比べて学級での一斉教授は，同じ内容をまとめて教授できる点で経済性・効率性が高い。ラトケ（Ratke, W. 1571-1635）は，「あらゆる人にあらゆる事柄を」という一般教育の思想のもとで一斉教授を基礎づけた。そしてコメニウス（Comenius, J. A. 1592-1670）が，年齢別の学年制学級や，段階的な教材の配列，学級を1人の教師が教える学級担任組織を『大教授学』において提起するに至った。ただし，実際に学級における一斉教授が実現するのはモニトリアル・システム（助教法）の成立以降であった。

　日本においては，1886（明治19）年「小学校ノ学科及其程度」ではじめて「学級」概念が登場し，1891（明治24）年の「学級編成等ニ関スル規則」で法制化され，1900（明治33）年の第三次小学校令による等級制の廃止で現在の形に近い「学級」が成立した。

　現在，小学校は学級担任制，中学校・高等学校は教科担任制である。学級担任が1人で全教科を教える学級担任制は，初等教育で基本となった。これに対して，教科ごとに専門の教員が教える教科担任制は，中等教育における教員免許が1884（明治17）年「中学校師範学校教員免許規程」以降に科目ごとで整備されたこともあり，戦後も含めて中等教育で基本となった。

　一方で，小学校において音楽や理科などの専科教員の配置や交換授業は珍しくない。さらに，近年は教科の専門性などの観点から，小学校高学年に対する教科担任制の導入が注目されている。これは1960年代の協力教授組織の研究，2000年代の「学力向上フロンティア事業」，2010年代の小中一貫校および義務教

育学校において，実践が蓄積されてきた。さらに，中学校において，学級担任を複数人配置する複数担任制や，固定の担任を置かない学年担任制を採る学校や自治体が出現している。これらの担任制度の提案には，教職員定数の問題も避けて通れず，行財政の問題まで含めて担任制度は今まさに柔軟化を迫られている。

2. 学級担任制・教科担任制における学級経営の課題

　上記のような，高学年における小学校教科担任制，また中学校における複数担任制・学年担任制という柔軟な担任制が導入されることは，学級経営に新たな課題を突き付けている。それは「協働」の経営と時間創出である。

　そもそも，このような柔軟な担任制度が導入されるに至る背景には，学力向上というだけでなく，生活面の指導の充実が求められている点がある。特に小学校教科担任制については，小中の接続や中1ギャップに対する対応，および独善的な学級経営で陥る「学級王国」に対する批判が念頭にある。さらに中学校の複数担任制や学年担任制についても，複雑化する生徒の心理社会的な問題への対応策として講じられている。

　上記のような生活面の指導を念頭に置いたとき，求められるのは教員相互の連携である。個々の児童生徒の状況や指導・支援事項を共有する必要があり，学級をいわば「協働」経営していく意識が必要である。その際，学級を学習・生活集団として組織しなければならない一方で，「担任教師」1人がもつ指導時間は減少するという課題への対応も求められる。この場合，複数の教師による多様な視点で得られた児童生徒理解が重要となる。それとともに，各教科における協同学習などを活かしながら適切な学級風土を醸成するなど，教科指導内外で生活指導の時間を創出することが求められる。

参考文献

熊井将太（2017）『学級の教授学説史─近代における学級教授の成立と展開』溪水社。

末松裕基・林寛平編（2016）『未来をつかむ学級経営─学級のリアル・ロマン・キボウ』学文社。

高階玲治編（2006）『小学校教科担任制の効果的な進め方』教育開発研究所。

（藤井真吾）

Q3 学習集団づくりの理念と課題について述べなさい

　「学習集団」という用語は，一般的には「学習のために編成された集団」を示す実体概念として理解される。この理解は，1998年（平成10年）版の学習指導要領のもと「習熟度別」の授業が推進された際に，小学校入学より年齢別に編成された学級の構成員が，習熟度別の授業のために学級を解体し「学習集団」として再編されたことで普及した。と同時に，ホームルームや学級活動，当番活動や係活動等を営む「生活集団」としての学級のあり方との関連が，あらためて問い直され，再確認されることにもなった。

　教育実践において「学習集団」と「生活集団」とが対比的に使用されることが多いのは，学級経営の構造が学習指導と生活指導，あるいは教科指導と生徒指導から構成されていることに由来する。例えば，学級の構成員を班やグループに編成して小集団活動を展開する場合，それが授業や学習活動を想定している場合は「学習集団（班）」と呼ばれ，係や当番活動といった学級活動や日常生活を想定する場合は「生活集団（班）」と呼ばれるが，両者を区別することで，授業と教科外活動のねらいや活動のあり方の違いを強調する立場もあれば，生活集団（班）を授業でも学習集団（班）として活用することで学級経営の一体的な指導を推進する立場もある。いずれにせよ，授業における小集団活動のために編成された班やグループを学習集団として捉えることは，学習集団に内包される「集団の力（グループ・ダイナミックス）」がもたらすであろう小集団効果や役割分担といった作用に着目することで，学習集団を機能概念として理解するものである。

　何らかの編成基準によって「学習のために編成された集団」として存在する実体概念としての学習集団も，その集団に期待される教育効果や教育作用に着目する機能概念としての学習集団も，ともに学習集団についての存在論的な説明である。それに対して，「学習集団づくり」という表現における「学習集団」は，現時点ではそうなっていない，つくり出すべき教育課題としての学習集団であって，目標概念として規範的に理解される。そもそも「学習のために編成

された集団」は，はじめから1人ひとりの学びが保障され全員が「学習に向かう集団」として存在しているわけではない。生活集団では仲良しや協力を強調する教師が，授業になると「他人のことより自分のこと」を優先させ競争と分断をあおることもないわけではない。人数を少なくすれば，小集団効果としての親密さが自動的に発生するわけでもない。むしろ，いつの時代にあっても現実社会を反映する教室の子どもたちは，差別と分断，格差と孤立のなかで，相互不信や「生き苦しさ」をかかえている。そうした目の前の子どもたちの実態から，教師の教育は出発する必要がある。

　戦後教育実践史上，とりわけ授業研究を基軸とした学校の共同研究として学習集団づくりに取り組んだ古典的な著書においても，「考えない，働かない，手をつながない子ども」たちの「学習の疎外状況」から教育活動は出発しており，「平等な立場で相互援助と相互批判をくり返しながら，優越と劣等，利己と怠慢とが，ともに否定され，相互に自己変革を遂げていくことができるような学習集団づくり」が理念として常に追究されていた（吉本均・広島県比婆郡東城町森小学校『集団思考の態度づくり』明治図書出版，1966年）。その意味で，1人ひとりの学びが保障され全員が学習に向かうことのできる集団としての学習集団は，教育の目指すべき目標概念であって，子どもたちと教師がともにつくり出すべき課題として理解されなくてはならない。そのことが「学習集団づくり」の「づくり」に込められた理念であり思想である。それは，わが国の教育実践，とりわけ学級経営の文脈における「学級づくり」や「班づくり」という表現の「づくり」と同様に，学級や班を「編成する」ことが「づくり」なのではではない。学級や班を編成した後に，どのような学級や班を目指して，日々の教育活動に教師と子どもたちが取り組んでいくのか，その教育的な見通しと活動のプロセスが「づくり」に込められた理念である。今日における学習集団づくりも，どのような学習集団を目指して歩んでいくのかが問われている。教育の出発点としての現実態としての「差別と分断，格差と孤独」に対抗できるのは，安易な教育施策が求める「同調と全体」などではなくて，日々の教育実践における可能態としての「多様と普遍」の実現と吟味であり，そこに学習集団づくりの今日的課題もある。

（深澤広明）

Q4 授業における規律指導の意義と課題について述べなさい

　授業において児童生徒は，ある程度の整然としたふるまいを外的にも内的にも求められる。こうした規律の指導は，どのような意義と課題を持つのか。

1．授業における規律指導とその意義

　一般に，規律指導というと各種の授業中のきまりが想起されるのではないだろうか。典型的には，発言は挙手のうえ大きな声で行う，などである。ただし，こうしたふるまいに関する指導は，規律指導の一部分に過ぎない。

　規律は，特に集団づくりの文脈で，マカレンコ（Makarenko, A. S. 1888-1939）の集団主義の教育論をもとに注目されてきた。規律とは意識と行動の統一である。そして規律は外的規律と内的規律に大別でき，後者が教育的課題となる。日本における規律指導は，全国生活指導研究協議会を中心に，授業外での規律に関わる実践が蓄積された。そしてその成果は授業に持ち込まれ，班での活動など，定式化された集団的な学習活動が実践された。しかし，これらの実践では，規律は生活指導が担うものとされており，例えば学習集団を統一する自己指導（リーダーによる指導援助と疑問の代弁）のように，外的な規律である「学習スタイル」の指導に留まっているという点で批判がある。

　マカレンコによれば，規律は全教育過程の総和の産物である。これに関連して住野は，規律は，教師の指導のみで形成されるのではなく，教師の指導と子どもの自己活動の統一である点を指摘した。そして規律指導は「学習スタイル」の指導を媒介した，内的規律と外的規律の統一的な形成であると提起している。すなわち，授業における規律指導で重要なのは，教科内容の指導と規律の指導をいかに統一的なものと捉え，実践するかという点にある。そして規律指導は，児童生徒の内的規律を涵養するべく，学習観や授業観を問い直し，学習に対する児童生徒同士の共同的な関係を構築していく点に固有の課題と意義があると言える。

2．今日の学校における規律指導の課題

　日本において，児童生徒の問題行動が取り沙汰された2000年代から，規律の指導はいっそう注目を浴びた。特に，アメリカのゼロトレランス（不寛容）方式が紹介された点や，授業スタンダードによって，授業内の行動がパターン化され，場合によっては強制されるようになった点は注目される。これらは，主として罰則による管理に重きが置かれており，授業の前提となるふるまいの形式が強調されたものと解釈できる。

　しかしながら，規律は形式ではなく，意識と行動の統一である。特に内的規律をいかに授業において涵養するのかが重要である。規律を，授業内容と切り離された行動様式や態度のきまりの遵守としてではなく，授業の狙いである学力形成と結び付けた形で考えなければならない。

　こうした点について示唆的なのは，ドイツにおける規律に関わる議論である。これは2006年のブエブ（B.Bueb, 1938-）による『規律礼賛（Lob der Diaziplin)』の刊行を嚆矢としている。ここでは，子どもへの厳格な他律によって自律を目指す，罰による規律と指導が提起された。これに対する論争で強調されたのが，教科内容の指導による人間形成である。それは，授業内容の習得によってこそ規律が生起すると捉えるものであり，子ども自身による自己指導へ導くことが必要であるという考え方である。

　このような考え方をふまえ，各教科に固有の学習スタイルを如何に児童生徒に内面化させていくかが，今日の実践的な課題である。

参考文献

深澤広明・北川剛司・樋口裕介（2009）「授業規律の指導に関する今日的争点と課題—アメリカおよびドイツにおける動向を手がかりに」『中国四国教育学会　教育学研究紀要』55（1），pp.53-63。

早川知宏（2019）「現代ドイツ教育学における指導論に関する一考察」『教育方法学研究』第44巻，pp.13-23。

住野好久（1990）「授業における学習規律に関する研究」『教育方法学研究』16，pp.117-125。

（藤井真吾）

Q5 生活指導と生徒指導の関係を概説し，その実践的意義と課題について述べなさい

　戦後アメリカのガイダンス理論が日本に導入され，その訳語として用いられたのが生活指導と生徒指導である。ただし当時，生活指導と生徒指導は，概念として明確に規定されてはいない状況であった。1958年の学習指導要領に「道徳」の時間が特設されてから，文部省が使うよう主導したのが「生徒指導」である。生徒指導に関する文献は，文部省より1965年に，『生徒指導の手引き』が，1981年に『生徒指導の手引き（改訂版）』が刊行され，2010年には，文部科学省より『生徒指導提要』が刊行された。これらの文献の特徴として統一的に描かれている原理が「適応」である。例えば『生徒指導提要』は，生徒指導の目的が「自己指導能力の育成」とされ，生徒指導の3機能である，①「自己決定」の場を用意し，②「自己存在感」を与え，③「共感的関係」を育てること，を重視しながら目的を達成することが求められ，特定の領域のみではなく，機能として全ての教育活動において貫かれて行われることが提起されている。ただし，「当たり前にやるべきことは，当たり前にする」「してはいけないことはしない」「児童生徒に対して，毅然とした粘り強い指導が必要」とも書かれており，決められた秩序への適応主義的な記述となっている。これは『生徒指導提要』が1990年代以降の「学級崩壊」等の問題から，いかに子どもを秩序に従わせていくか，に焦点があてられて執筆されたという背景もある。

　それに対して，生活指導は，戦後，実生活について子どもたちに綴り方を書かせ学級で話し合う生活綴方，情緒的な仲間意識を確立する仲間づくり，集団のちからに着目しながら，集団の自治を目指す集団づくり，といったようにさまざまに展開された。今日に至るまで，宮坂哲文（1918-1965）らを中心に結成された全国生活指導研究協議会の中で，生活指導は生徒指導という用語とは一線を画して理論的・実践的に継承・発展させられてきたといってよい。とりわけ生徒指導は学校という秩序への子どもの適応が原理として貫かれていた。しかし生活指導では，子どもを自ら生活をつくる「生活者」として捉え，秩序へ

の適応を強制する学校を問題としながら，子どもたちが，実際に学校での生活の問題をどのように捉えているのかを教師が把握し，その解決のために必要な知識，行動の仕方，他者とのかかわり方といった生活のあり方を身に付けさせるための指導の方法が模索されてきたのである。つまり，生徒指導ではなく生活指導という用語が強調されるのは，生徒を指導するのではなく，生徒をとりまく生活を指導するという意味が込められているからなのである。それによって子どもが誰一人として排除されることなく，競争的で，力の優劣による支配や抑圧などのさまざまな問題を抱える学校や学級の現実を転換させることに生活指導は実践的意義を有している。

　ただし今日，生活指導には課題もある。子どもたちの中には虐待体験のある子ども，発達障がいの子ども，外国籍の子ども，非行に走る子どもなど，発達の基盤に重い課題を抱えた子どももいる。また労働形態が多様化し，子どもたちの日常経験も将来像も多様化し共通の利害関心を持った子どもが少なく，互いに関心を寄せにくくなっているという状況もある。この中でそれぞれの子どもたちが困っている子どもにも耳を傾け，自治的に協力をしながら問題に取り組み生活をつくりかえていくという実践をいかに構想していくかが今日的課題として浮かび上がってくる。

参考文献

大和久勝編（2006）『困った子は困っている子』クリエイツかもがわ。

全生研常任委員会（1971）『学級集団づくり入門　第二版』明治図書出版。

竹内常一（1969）『生活指導の基礎理論』明治図書出版。

山本敏郎・藤井啓之・高橋英児・福田敦志（2014）『新しい時代の生活指導』有斐閣。

（早川知宏）

Q6 インクルーシブな環境における学級経営の留意点を述べなさい

　2014年の障害者権利条約への批准をふまえ，インクルーシブ教育の整備が進んでいる。多様なニーズを持つ児童生徒が同じ学級に集いつつある中，学級経営に求められる留意点とはどのようなものだろうか。

1．インクルーシブ教育システムにおける学級

　インクルーシブ教育システムは，人間の多様性の尊重などを強化し，障害者が精神的及び身体的な能力等を可能な最大限度まで発達させ，自由な社会に効果的に参加することができるという目的の下，障害のある者と障害のない者が共に学ぶ仕組みである。そこでは，障害のある者の一般的な教育制度への包摂，自己の生活する地域における初等中等教育の機会の提供，個人に必要な「合理的配慮」の提供が必要とされる。

　「合理的配慮」とは，他の子どもと平等な「教育を受ける権利」の享有・行使を確保するために必要かつ適当な変更及び調整であり，学校教育を受ける場合に個別に必要なもので，均衡を失した又は過度の負担を課さないものである。日本において，合理的配慮の提供は公立学校では義務となっている。

　なお，1994年の「特別なニーズ教育における原則，政策，実践に関するサラマンカ声明」では，障害に限らず，貧困や言語的・民族的・文化的マイノリティ等を含めたすべての子どもたちが念頭に置かれていた。学級には，日本語指導の必要性や，貧困，多様な性など様々な背景・ニーズを持つ児童生徒が在籍している。日本では，障害を持つ児童生徒が着目されるが，上記の多様なニーズが学級内に存在していることを念頭に置く必要がある。

2．学級経営においてはどのような留意点があるか

　学級経営を学習指導と生活指導および環境整備からなるものとして把握したとき，重要な視点が4つある。

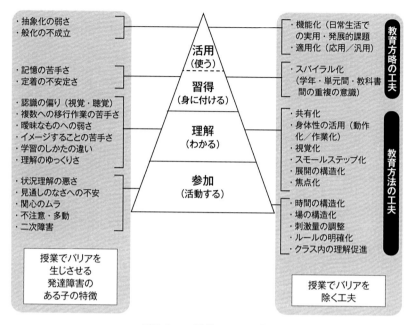

図6-6-1　授業のUDモデル図

（出典:小貫・桂,2014,p.49.）

　第一に，誰にとってもわかりやすい指導を目指すことである。これに関連する近年の国内の動向に，「授業のユニバーサルデザイン（UD）」化がある。これは「授業のUDモデル図」（図6-6-1）のように，授業の階層に応じて，各種の「バリア」を軽減する工夫を講じることである。これらの工夫は，個々のニーズに応え，それが他の児童においても役立つことが目指される。特にクラス内の理解促進・ルールの明確化などの「参加」階層における工夫は，授業に限らず求められるものである。また別の観点として，色覚に配慮した教具の色使いや，UDフォントの使用などの工夫もあり得るだろう。

　第二に，特別なニーズに応じた合理的配慮の提供である。個々の児童生徒の適切なアセスメントを前提に，配慮内容を検討すべきである。具体的には，特別支援教育支援員の配置や，読み書きに困難のある児童生徒に対するタブレット等のICT機器の使用などがある。なお，こうした個別の対応が学級内で違和

感なく受け入れられるように，周囲の児童生徒への説明も必要である。

　第三に，通級や取り出し授業などによる児童生徒の出入りに対する対応である。第二と共通するが，当該児童生徒が母学級において良好な人間関係を構築できるような支援が必要であり，また，学びが母学級で活かされるような連携が必要である。

　第四に，学級担任とその他の教師・専門家との協働である。指導場面におけるティームティーチングや，支援員との協働的な取り組みが求められる。また，各種専門機関との連携によって指導計画等を充実させる必要がある。

参考文献

小貫悟・桂聖（2014）『授業のユニバーサルデザイン入門―どの子も楽しく「わかる・できる」授業のつくり方―』東洋館出版社。

湯浅恭正・新井英靖・吉田茂孝編（2019）『よくわかるインクルーシブ教育』ミネルヴァ書房。

（藤井真吾）

Q7　子どもの権利に着目した学級経営の課題について述べなさい

　教育において子どもの権利に関する議論は，ルソー（Rousseau, J.-J. 1712-1778）の「子どもの発見」を始まりとし，子どもの解放や子どもの保護政策と深く結びつきながら，児童中心主義や新教育運動の中で展開されてきた。子ども時代に子どもらしく充実した生活を送ることを中心とした子ども固有の権利への着眼が生まれたのである。その後，子どもの権利は，2度の大きな世界大戦を経て1989（平成元）年国際連合総会で採択された「子どもの権利に関する条約（以下，子どもの権利条約）」を契機として，教育学の領域や学術・歴史的分野のみならず，教育法や教育実践においても本格的に検討されるようになる。この条約によって，締約国には子どもに子どもの権利について広く知らせる義務，権利実現のための措置や進捗状況を報告する義務が課された。我が国においても，1994（平成6）年の条約批准前後に，子どもの最善の利益を考慮し，生存する権利から始まって，個の尊厳と教育の平等に基づいて子どもの権利を包括的かつ具体的に取り決めた条約に対して多様な評価がなされた。

　しかしながら，我が国の教育において子どもの権利条約が目指した子どもの権利が定着することは困難を極めた。この背景には，教育への市場競争原理の導入や新自由主義的な教育改革などがある。教育における規制緩和と自己選択・自己責任に基づく過度な競争とそれによる教育格差は，子ども・教師・学校も含めた序列化・個別化が顕在化する「競争の教育」へと拍車をかけた。そうした中で子どもの権利に関する議論は，意見表明権や子どもの参加の権利が中心となり，子どもの積極的な参加が強調されるようになった。「競争の教育」における参加は，支配的で閉塞的な側面がより機能し，競争に加わらなければ，自分が自分であること，一人一人のかけがえのなさや尊厳を失ってしまいかねないので，競争に加わるしかないという仕組みに陥る。また，「競争の教育」では，人と人のつながりを分断するだけでなく，子どもの個人の中においても「できる」「できない」が過度に意識され，わかる・わからないには頓着

（とんちゃく）せず，意味の理解あるいは意味理解の修正・再生・表現をともなわない「できる」ことだけをひたすらに追い求めてこくことになる。他者との分断化・序列化が進み，他者を競争相手としか認識できず，さらに自分や他者を「できる」「できない」の一側面的で過度に競争的に評価することでしかとらえられないなかで，子どもたちが安心して学び，生活することは困難である。また，そのような状況下での，教室において他者との共同的な学びや人に対する思いやり，競争や評価にとらわれない自他に対するアイデンティティや考えを育むことは当然のことながら不可能である。

　子どもの権利は，時代的に目指される社会や国家の経済政策などに絡めとられてしまい，その結果，他者との比較において自分さえできればよいという，自己中心的で優劣にとらわれた排他競争的な学級・子ども同士の関係を助長してしまったといえる。確かに，子どもの権利条約は，各国に対して子どもを一人の市民として捉えることを求めた。しかし，子どもの権利は大人社会への参加を子どもたちに認めるために大人から子どもに与えられたものではない。子どもの権利は，大人に対して子どもを国家の意図的な政策を支え，今ある社会の未来を担う世代や人材とみなすのではなく，すでに現代社会を生き，固有の権利を持つ一人の人間として考える視点から社会を再構築することを要求しているのである。したがって，こうした子どもに対する見方は教師にも求められる。とりわけ，子どもたちの実際の生活の場である学級においては，子どもたちの権利を支え，子どもたちの権利によって機能する学級の構築が課題となる。その際，「私」の問題は，独りでに生まれたのではなく社会や共同体，他者との関係の中で生まれた「私たち」の問題であり，反対に，「私たち」の問題は，いずれその構成員である「私」に突きつけられる問題となりうるとする思考を子どもたちに示し，要求することが教師には求められる。いくら子どもが権利を保有していると認識していたとしても，権利の根幹にある固有の要求や願い，「声」について表明者とともに考えることのできない学級であれば，権利は機能せず，権利の行使者・表明者は置き去りにされ，より一層孤立することになる。したがって，学級においても権利が適切に機能する民主的な空間・集団が模索されなければならない。

（松浦明日香）

Q8　子ども理解に基づく授業づくりと学級づくりの意義と課題について述べなさい

1．子ども理解に基づく授業づくりの意義と課題

　子ども理解とは，子ども一人ひとりの特性や個性，またその子なりのものの感じ方や考え方などを，その子が生活している学級や家庭，地域社会の環境や状況と関連させながら捉えることである。それは，教師が日々取り組んでいる授業づくりや学級づくりにおいて不可欠な営みである。

　授業づくりとは，教師が子どもたちの学習や集団の状況を考慮しながら，授業を構想し実践することである。授業は，教育目標の設定や単元計画の考案，教材研究や学習指導案の作成などを通して構想され，実践される。授業の構想は，月，学期，年間といった長期的な視野をもって取り組む必要がある。

　授業づくりの課題として，子どもたちの学びが深まるような内容と方法を工夫することが挙げられる。教師による子ども理解は，授業づくりの土台となる。子ども理解に基づく授業づくりの意義は，子ども一人ひとりの個性を生かし，個々の学びを関係づけ，深めることにつながることである。吉本（1995）によれば，そのためには子どもたちが授業においてどのような考えを提案するか，それらの考えにはどのような対立や違いが見られるか，また子どもたちがどのような内容でつまずくかなどを予想する必要がある。教師は，子ども理解に取り組むことにより，こうした予想を立てるための子どもの学習状況を把握することが可能になる。

　その際教師は，学級内の子どもたちの人間関係を捉えるという課題に取り組まなくてはならない。豊田（1997）によれば，教師は，ある子どもの行動や発言のみではなく，それらに対する周囲の子どもの反応も捉える必要があるという。こうした課題に取り組むことで，教師は，子どもたちの学びが深まるような授業づくりが可能になるであろう。

2. 子ども理解に基づく学級づくりの意義と課題

　学級づくりとは，子どもたちの社会的諸能力を高めることにより，学級内の人間関係をより民主的で，望ましい方向へと育むことである。具体的には，子どもたちの自立と共同を促すことが目指される。

　その方法には，次の2つがある。第一は，授業を通しての学級づくりである。それは，授業づくりを通して行われる。第二は，授業外の活動を通しての学級づくりである。これは，学級活動や児童会（生徒会）などの特別活動を通して行われる。

　学級づくりにおいても，子どもたちの思いや考えを理解することが必要である。子ども理解に基づく学級づくりの意義は，子どもたちのそうした思いや考えを学級に反映できることである。根本（2010）によれば，子どもたちの考えを学級に反映させながら，学級内のルールづくりに取り組むことが教師には求められる。具体的な方法としては，集団規律についての話し合いの場を設けることが挙げられる。

　ただしその際には，子どもたちが自分の思いや考えを表現できるような雰囲気を学級内に作り出さなくてはならない。そのために教師に求められるのは，スポーツや学級文庫や図書室の本をともに読むなど，子どもたちがともに喜びや充実感を実感し，互いに尊重し合うことができるような活動を構想し実践することである。子どもたちは，こうした活動に取り組むことで，より望ましい人間関係を形作っていくと考えられる。

参考文献

根本橘夫（2010）「生徒指導の方法―集団指導」江川玫成編『生徒指導の理論と方法　3訂版』学芸図書，pp.51-70。

吉本均（1995）『発問と集団思考の理論　第2版』明治図書出版。

豊田ひさき（1997）「応答し合う授業づくりの出発点」豊田ひさき編『応答し学び合う授業づくり』明治図書出版。

（村井輝久）

第7章　カリキュラム・マネジメント の理論と実践

リードQ1 教育活動の計画・実施・評価に関わる営みを，カリキュラム・マネジメントとしてとらえることの意義と課題は何か

1. 教育活動の計画・実施・評価とカリキュラム・マネジメントとの関係

　本章のテーマであるカリキュラム・マネジメントと，他の章の内容，すなわち，カリキュラム・授業づくり，学級づくり（集団づくり）に関わる営み（教育活動の全般），それを支える歴史，社会変化にともなう技術革新といったこととの関係はどのように描けるだろうか。

　なお，表記上の問題であるが，中教審答申等で「カリキュラム・マネジメント」と表記される以前から「カリキュラム・マネジメント」という語が用いられてきた。ここ（第7章Q1）では，「カリキュラム・マネジメント」にかかわる問題群について議論するため，細かな違いにはこだわらず，一貫して「カリキュラム・マネジメント」という語を用いる。

　結論のひとつを先に言えば，カリキュラム・マネジメントは，上述の教育活動の諸要素をすべて含み込むものとしてとらえられている。中留（2005）は，カリキュラム・マネジメントを，「教育活動の目標系列」（教育の目標・内容・方法づくり）とそれを支える「条件整備の系列」（経営活動）との双方を位置づける「思惟＝活動」としている。その前身ともいえる「教育課程経営」も同様である。高野（1989）は，教育課程内容論だけでなく，それを支える様々な組織・運営上の条件づくりを含んだものととらえた。だから，総論としてのカリキュラム・マネジメントの各論として上述の教育活動の諸要素を位置づけることができるだろう。

2. 教育活動の組織をカリキュラム・マネジメントに位置づける意義と課題

　しかし，教育方法学の立場から言えば，そう簡単ではない，というのがもう

ひとつの結論である。

　梅原（2014）は，教育方法学研究の研究対象としての指導過程を，「①指導のねらい…目標と評価，②指導のしくみ…システムの確立，③指導の内容…内容と配列の創造，④指導の実際…指導の技術の行使」の４つが絡まり合ったものと定義した。そして，教育方法学研究の固有性として，第一に，「①～④の４過程を絶対に分断しないで，一貫して相互に関連づけられたものとして扱うこと」，第二に，「中心的な部分に『指導の技術研究』が位置づいていること」を挙げた。

　このように，教育方法学は，「何のために何をどのように教えるのか」という目標―内容―方法という枠組みのなかで，実際の指導のあり方を追究してきた。だから，教育活動の諸要素（各論）が，カリキュラム・マネジメントという総論に位置づくと説明する（すなわち，説明科学である）だけでは十分ではない。教育実践の解決の糸口をさぐりだす「実践科学」として，カリキュラムづくり，授業づくり，学級づくり（集団づくり）といった教育活動の諸要素が，カリキュラム・マネジメントという考え方のなかに位置づけられることで，実践的にどのような意義があるのか，また逆に，実践的にどのような課題が生じうるのか，といったことが検討される必要がある。

　こうした点が，本章各節から引き出されるのではないだろうか。

参考文献

梅原利夫（2014）「教育方法学研究の固有性」日本教育方法学会編『教育方法学研究ハンドブック』学文社。

高野桂一（1989）「中教審・臨教審・教課審等の改革論と教育課程経営の科学化」高野桂一編著『教育課程経営の理論と実際』教育開発研究所。

恒吉宏典（1994）「まえがき」恒吉宏典編著『教育方法学』福村出版。

中留武昭（2005）「研究の背景とねらい・方法」中留武昭編著『カリキュラムマネジメントの定着過程』教育開発研究所。

深澤広明（2014）「教育方法学研究の対象と方法」日本教育方法学会編『教育方法学研究ハンドブック』学文社。

（樋口裕介）

▶リードQ2 学習指導要領に登場した
「カリキュラム・マネジメント」は，
どう具体化できるだろうか

　解答に先立ち，一点確認しておく。2017年告示の学習指導要領に記載されたために新鮮に感じるが，研究用語としての「カリキュラム（・）マネジメント」は，それほど目新しい言葉ではない。（・）としたのは，論者によってはこの「中黒」のない表記を，以前から意識的に用いてきたからである。

1. 本章の構成

　さて冒頭のQ2に解答するには，抽象的な行政の文言を，日々の実践へと具体化する手立てを要する。すなわち，「何をどうすれば，カリキュラム・マネジメントを遂行したことになるか」という問いへの対応である。

　第7章は全部で8つのQ＆Aを扱う。それぞれの章題から，キー・ワードを抜粋して示す。

「カリキュラム・マネジメントの方法」（Q1）

「授業研究を軸としたカリキュラム・マネジメント」（Q2）

「教科横断的カリキュラム」（Q3）

「カリキュラム構成論としての『逆向き設計』論」（Q4）

「特別活動を軸としたカリキュラム開発」（Q5）

「総合的な学習（探究）の時間を軸としたカリキュラム・マネジメント」（Q6）

「地域と連携したカリキュラム開発」（Q7）

「学校間連携によるカリキュラム・マネジメント」（Q8）

　Q1以外は順に，授業研究，教科横断的，「逆向き設計」論，特別活動，総合的な学習（探究）の時間，地域，そして学校間連携と，いずれも具体的な各論へと進む手がかりが章題に示されている。ここに「PDCAサイクル」や「校務分掌」，「学校経営」などの追加も不可能ではない。

したがって冒頭の問いには，「本章で示したいくつかの手がかりを総合して対応する」，という解答が得られる。つまりは総論と各論との関係である。

2.　前史への注目

Q1（1）で冒頭の問いを，「何をどうすれば，カリキュラム・マネジメントを遂行したことになるか」へと変換してみた。本章を一読すればわかる通り，この問いへの答えは二通りある。1つは，直ちに現下の状況への対応を考え，「明日からどうすればいいか」を探る道筋である。もう一つは，この問いが「これまでどう扱われてきたか」をさかのぼって確認する方法である。後者は一見遠回りだが，「明日からどうすればいいか」を考える上で，結果的に豊富な材料を提供しうる。この点，うっかり「同じ轍」を踏んでしまうと，「積んでは崩し」や「いつか来た道」という徒労に終始しかねない。

たとえば，Q5やQ7の語「カリキュラム開発」は見逃せない。この語はこれまで教育行政の用語としては積極的に用いられず，学習指導要領にも登場しない。その一方で，1970年代以降，「ゆとりの時間」（学校裁量の時間）や総合的な学習の時間の導入期など，この語は「カリキュラム・マネジメント」に先行して，研究や実践で用いられてきた歴史を持つ。

またQ3の「教科横断的」も注目である。意外かもしれないが，この語は2017年告示の学習指導要領には見当たらない。この学習指導要領は，「等」を入れた「教科等横断的」を用いる。教科だけを組み合わせるとは限らないからである。とはいえ，生活科や総合的な学習の時間を考える上で，「教科横断的」は，一時期のキー・ワードだった。この事実は確かである。

「日の下に新しきものなし」とも言われる。「カリキュラム・マネジメント」に限らず，「明日からどうすればいいか」を考える際には，まず「これまでどう扱われてきたか」を見つめ直すことで，何か手がかりが得られるかもしれない。本章のQ＆Aが，その作業の一助となれば幸いである。

（根津朋実）

Q1 学校におけるカリキュラム・マネジメントの方法について説明しなさい

　問い「学校における〇〇の方法について説明せよ」に答える場合，肝心の「〇〇の方法」を知らないと，答えようがない。さらに，範囲を限定し，「学校における〇〇の方法」を意識する必要もある。「学校」を「各自治体」や「国」に置き換えると，「〇〇の方法」も変わるからである。

　そこでまず，根津（2019:95-108）を参照し，「カリキュラム・マネジメントの方法」を確認する（1.）。次に，「学校における…」と，回答の範囲を学校に限定して説明する（2.）。

1.「カリキュラム・マネジメントの方法」とは

　語「カリキュラム・マネジメント」（以下，CMと略）は，2017年改訂の学習指導要領に登場した。この語は，日本のカリキュラム研究で，1990年代末から使われ始めた。両者の時期の違いから，「CMは約20年の研究成果があり，教育行政としての用法は新しい」といえる。

　学習指導要領中，CMの説明は，次の通りである。

　4　各学校においては，児童や学校，地域の実態を適切に把握し，教育の目的や目標の実現に必要な教育の内容等を教科等横断的な視点で組み立てていくこと，教育課程の実施状況を評価してその改善を図っていくこと，教育課程の実施に必要な人的又は物的な体制を確保するとともにその改善を図っていくことなどを通して，教育課程に基づき組織的かつ計画的に各学校の教育活動の質の向上を図っていくこと（以下「カリキュラム・マネジメント」という。）に努めるものとする。

（文部科学省2017a，第1章「総則」第1節の4）

　CMとは，「教育課程に基づき組織的かつ計画的に各学校の教育活動の質の向上を図っていくこと」とされる。その具体策は，大要，a）各学校で，b）各種実態を把握し，c）教育内容を教科等横断的な視点で組み立て，d）教育課程の実施状況を評価改善し，e）人的物的な体制を確保し改善する，という手続きからなる。これらが，「CMの方法」と呼べるだろう。

学習指導要領には，文部科学省による「解説」もある。総則の「解説」中，CMの方法に関わる記述を抜粋し，次に示す（下線は引用者）。

②カリキュラム・マネジメントの充実
・カリキュラム・マネジメントの実践により，<u>校内研修の充実等</u>が図られるよう，章立てを改善した。
・児童の実態等を踏まえて教育の内容や時間を配分し，<u>授業改善や必要な人的・物的資源の確保などの創意工夫を行い，組織的・計画的な教育の質的向上を図る</u>カリキュラム・マネジメントを推進するよう改善した。

（文部科学省2017b: 7,「(3) 総則改正の要点」）

引用から，CMの充実には「校内研修の充実等」や「授業改善」が関わるといえる。これらは，前に引用した学習指導要領の本文にない情報である。

2.「学校における」カリキュラム・マネジメントの方法

前掲のa）からe）を一連のサイクルととらえ，「PDCA」（Plan（計画）-Do（実施）-Check（評価）-Act（ion）（改善））等と呼ぶ場合もある。常に「P」から始まるとは限らず，「CAPD」（たとえば根津2019:102）等も提唱されている。また「PDCA」は，近年では精緻な批判もなされている（佐藤2019）。

学校におけるCMの方法は，各学校が今まで取り組んできた地道な実践の蓄積や改善と，どこがどう違うのだろうか。

1つは，前掲d）「教育課程の実施状況を評価改善し」だろう。各学校は，何らかの評価手続により，「論より証拠」を示す必要がある。国による全国学力・学習状況調査の利用も一策だが，万能ではなく，課題がある。

もう1つは，前掲c）「教育内容を教科等横断的な視点で組み立て」である。CMの提唱は，「総合的な学習の時間」の導入と関係する。検定教科書なしで，各学校が教育内容をどう計画・実施し，評価・改善するか。約20年前のこの問いが，現在は教科や「教科外」に展開されたと読める。

参考文献
佐藤郁哉（2019）『大学改革の迷走』筑摩書房。
根津朋実編著（2019）『教育課程』ミネルヴァ書房。
文部科学省（2017a）『小学校学習指導要領』。
文部科学省（2017b）『小学校学習指導要領解説　総則編』。　　（根津朋実）

Q2 授業研究を軸としたカリキュラム・マネジメントについて述べなさい

　カリキュラム・マネジメントは，各学校が教育課程に基づいて組織的かつ計画的に教育活動の質を向上させていくことを目的としている。この目的を達成するために，カリキュラム・マネジメントでは，①教育の目的や目標の実現に必要な教育の内容等を教科横断的な視点で組み立てていくこと，②教育課程の実施状況を評価しその改善を図っていくこと，③教育課程の実施に必要な人的または物的な体制を確保するとともにその改善を図っていくことが重要な観点となっている。授業研究を軸として学校全体でカリキュラム開発に取り組んでいく試みには，カリキュラム・マネジメントの観点と関連した以下のような意義が期待できる。第一に，他教科を専門とする教職員と連携しながら授業研究に臨むことで，教科横断的な視点で当該の授業内容を検討し議論することができる。第二に，当該授業の指導案検討や事後検討会を経ることで，計画レベル・実施レベル・達成レベルを含めたカリキュラム全体を包括的に研究し改善していく可能性を有している。第三に，授業研究が校内研修として組織的に展開されることで，教職員間のコミュニケーションと共同の場として授業研究が機能する。

　そもそも，カリキュラムは教育課程と違って「子どもの学習経験の総体」であると規定されるなど，幅広い意味を持っている。例えば，国際教育到達度学会による TIMSS（国際数学・理科教育動向調査）のカリキュラムの定義では「計画したカリキュラム」「実施したカリキュラム」「達成したカリキュラム」の３つのレベルが示されている。それゆえ，カリキュラム・マネジメントを運用していく際には，カリキュラムの実施段階である授業過程だけではなく，授業指導案や授業結果としてのテスト成績を含んだ全体としてのカリキュラムを継続的に改善していく枠組みが求められる。そのためには，実践が計画に対して妥当であったかどうかを点検する PDCA サイクル（Plan-Do-Check-Act）や，実践を通して得られた知見を基に計画そのものを問い直す PDS サイクル（Plan-

Do-Study）といったマネジメントサイクルの活用が有効であるとされている。また，カリキュラム・マネジメントは各学校が学校や地域の実態を把握しながら自主的かつ自律的に取り組むことが期待されているため，学校全体で教育活動の質を向上させていくための仕組みづくりが課題となってくる。

　この課題に対して，授業場面を中心的な研究対象としながらも，指導案計画や事後検討会も対象に含んだ授業研究のあり方が問題となる。授業研究は授業過程や指導方法を分析・研究することを通して教育学の理論に迫るための重要な研究方法であると同時に，自主的な教材づくりやカリキュラム改善を伴う授業づくりとしての側面も有している。日本では全国授業研究協議会や民間教育運動のように，授業研究を通して教師たちが自発的に，ときには研究者と協力しながら指導法改善や教育課程編成の問い直しに取り組んできた伝統がある。とりわけ，授業を同じ学校の教職員で見せ合い協議を重ねていく校内研修としての授業研究は，今日「レッスン・スタディ（Lesson Study）」として諸外国からの注目を集めている。校内研修としての授業研究は，各教師に自身の授業を反省的に検討し改善の方途を議論する機会を提供することで自身の授業構想力の育成を図ることができると同時に，教師間の連携を伴う自主的で自律的な教育活動の質向上にとって有益である。

　他方で，カリキュラム・マネジメントの軸として授業研究を展開する際には，観察対象となった授業における指導法や授業構成の改善にとどまらない学校全体のカリキュラムを問い直していくための成果をいかに導出するのか，またそのための授業研究の方法論をいかに構想できるのかといったことが課題となる。

参考文献

小泉祥一（2019）「教育課程経営とカリキュラム・マネジメント」日本カリキュラム学会編『現代カリキュラム研究の動向と展望』教育出版。
日本教育方法学会編（2009）『日本の授業研究 下巻 授業の方法と形態』学文社。
文部科学省http://www.mext.go.jp（2020年4月3日閲覧）。

（安藤和久）

Q3 教科横断的カリキュラムについて，類型ならびに具体例を述べなさい

　カリキュラムを編成するにあたっては，科学，技術，芸術といった学問領域に対応して内容を教科として構成する方法が一般的である。日本においても，戦前は「教科課程」「学科課程」であったのが，戦後になって教科外活動を含んだ「教育課程」と呼ばれるようになった。現在も，例えば小学校学習指導要領においては国語，社会，算数，理科，生活，音楽，図画工作，家庭，体育，外国語が各教科，道徳が特別の教科とされており，教育課程の中心を担っている。また高等学校では，教科がさらに各科目に細分化されている。

　しかし，カリキュラムは教科を中心に編成しなければならないわけではない。また各教科も，必ずしも上記の名称である必要はなく，実際に時代に応じて変更されている。特に現代においては，各教科を独立して扱うのではなく，横断的に学習する教科横断的カリキュラムの重要性が指摘されている。その理由としては，以下の4点があげられる。

　第一は，学問の専門性と発達の問題である。教科は，科学や芸術といった学問の基礎として発達段階に即して配列されるか，あるいは読み書き算をはじめとする産業や労働に必要な知識技能として構成される場合が多い。だが，文明が進むにつれて学問の専門性が深まるとともに，学問領域や産業が複雑化細分化されることで，学習者の発達段階との適合が困難になっている。

　またこれに関連して，第二は学習者の生活との関連や主体性の問題である。各教科における学習内容が，児童生徒の生活経験と関連しなければ，その内容を効率的に習得することが学習の目的となってしまい，興味や関心とも結びつかない。それは学習の主体性という点でも，たとえ授業に活動や話し合いを取り入れても，児童生徒が何のためにその学習をするかがわからないまま，教師や教材から提示された内容を受動的に学ぶ可能性がある。

　第三は，社会の変化に伴う新しいあるいは学際的な学問領域の登場である。例えば，SDGs（Sustainable Development Goals：持続可能な開発目標）の掲げる

17目標は，貧困，飢餓，ジェンダー，平等，エネルギー，技術革新，気候変動，平和，パートナーシップ等多様であり，かつ従来の学問領域に収まらず，複合的もしくは独立したアプローチが必要となる。このような多様化複雑化は今後一層進むことが予想されるとともに，それらを知識として学ぶだけでなく行動レベルまで引き上げることが求められる。

　第四は，リテラシーやコンピテンシーといった資質能力の育成である。Society 5.0と呼ばれる情報を超えた創造社会の到来に向けて，知識や技能を記憶し習得する以上に，それらを活用し創造する力が求められている。またそのような社会における学校の役割は，多様な知識や技能を学ぶだけでなく，論理性，メタ認知と批判的思考力，創造性，コミュニケーションと協働性といった資質能力を育成するところにある。

　このような教科横断的カリキュラムの意義をふまえて，教科内容の統合の程度という観点から古くより知られている考え方に，ホプキンス（Hopkins, L.T. 1889-1982）の類型論がある。ホプキンスの編著によれば，それは「相関カリキュラム」，「広域カリキュラム」，「中核カリキュラム」，「経験カリキュラム」に分類されるが，倉澤剛はそれを「分科カリキュラム」，「関連カリキュラム」，「広域課程（教科型）」，「広域課程（経験型）」，「コア・カリキュラム」，「生成カリキュラム」に整理している。これらをふまえて，ここでは一般的な以下の6類型に分類する。

（1）教科（並列型）カリキュラム

　先述したように，科学，技術，芸術といった学問領域に対応して教育的価値のある内容を選択して，それを教科もしくは科目として構成するカリキュラムである。各教科・科目が独立，並列しており，さらには高校古典のように古文と漢文がさらに独立して扱われることもある。

（2）相関カリキュラム

　教科内，あるいは科目間において類似する内容を取り上げながら，両者を関連づけて学習するカリキュラムである。例えば中学校社会科の場合，通常は地理的分野，歴史的分野，公民的分野の3分野から成るが，それらを平和で民主的な国家及び社会の形成者に必要な公民としての資質・能力の基礎の育成といった，社会科共通の目標の下で指導する。この場合，例えば地理を先習後に

歴史を学ぶか，それとも地理と歴史を並行して学習するかというように，相関のしかたや考え方によって単元の扱い方も異なってくる。

(3) 融合カリキュラム

複数の異なる教科や科目を再編して，新しい教科や分野を組織するカリキュラムのことである。例えば小学校第1・2学年の生活科は，1989（平成元）年版学習指導要領から新設された教科であり，それまでは，小学校第1学年から社会科と理科がそれぞれあった。ただし，生活科は社会科と理科を単に融合させただけではなく，例えば理科では花のつくりや咲き方を扱うのに対して，生活科では花の栽培を通じて生き物への親しみや生命尊重の精神を学ぶというように，そのねらいや目標は異なる。2000（平成12）年から始まった「総合的な学習の時間」も，融合カリキュラムにあたる。

(4) 広領域カリキュラム

類似した教科をまとめて，複合領域から編成されるカリキュラムのことである。例えば幼稚園においては，そもそも教科，あるいは学習指導という概念はなく，健康，人間関係，環境，言葉，表現という5領域を教育活動の中に含める。また小中学校においても，例えば「言語系－自然系－社会教養系－健康系－芸術系」のように，複数の教科を大括りにして日常生活との関わりを深めたゆるやかなカリキュラム編成も理論的には可能である。

(5) コア・カリキュラム

中心となる教科・領域や経験を中核（コア）にして，その周辺に関連する領域や学習内容を結びつけるカリキュラムのことである。特に日本では，1950年前後に「川口プラン」や「本郷プラン」といった学校や地域教育計画として開発された。これらは経験主義にもとづく児童の生活を重視しているので，核となるのは主として社会科であった。例えば桜田小学校（東京都港区）で行われた「桜田プラン」においては，1年生の単元「家庭生活」に50時間が割かれ，お店ごっことしてマーケットを見学するとともに自分の好きな店の絵を描いたり，おひな祭りとして国語の本から劇を作ったり音楽や踊りを練習するように，他教科の学習も取り込んでいく。梅根悟（1903-1980）らはコア・カリキュラム連盟を発足させ，そこでは基礎課程，問題解決課程，実践課程と表現，社会，経済（自然），健康から成る三層四領域論のカリキュラムが提案された。

(6) 経験カリキュラム

　学習者の興味や欲求にもとづく，未分化な活動を中心としたカリキュラムである。例えば「遊び」は，自然との関わり，人間関係，体のバランス，創造力といったさまざまな要素が含まれている。それは，目標や内容を事前に計画するのではなく，子どもの活動を見守り関わる中で結果として目標や内容が達成されるカリキュラムと考えることができる。

　教科内容の統合の程度による類型は，系統主義と経験主義のカリキュラム論にも結びつく。系統主義の教育観に立てば，基礎から発展へと教科やその内容をいかに連続的に細分化するかという点が重視される。これに対して，経験主義に立てばデューイ（Dewey, J. 1859-1952）の問題解決学習やキルパトリック（Kilpatrick, W. H. 1871-1965）のプロジェクトメソッドのように，例えば衣服を作るという作業を通して絹，綿，毛といった繊維の違いやその紡ぎ方の工夫，生産性の差から昔の人が羊毛を着ていた歴史を知るといったコア・カリキュラム的な学びが重視される。「総合的な学習の時間」においては，調べ学習や職場体験を行ったり，環境，福祉，国際理解といった新しい領域を学んだりするだけでなく，各教科で学ぶ内容が児童生活の日常生活においてどのような形で表出しているかを，探究等の活動を通して学ぶといった，系統主義と経験主義の融合という観点からの授業設計が求められている。

参考文献

倉澤剛（1949）『カリキュラム構成』誠文堂新光社。

タマス・ホプキンス編著（勝田守一・白根孝之共訳）（1950）『インテグレーション：カリキュラムの原理と実際』桜井書店。

日本カリキュラム学会編（2019）『現代カリキュラム研究の動向と展望』教育出版。

（樋口直宏）

Q4 カリキュラム構成論としての「逆向き設計」論について説明しなさい

1.「逆向き設計」論の特徴

　「逆向き設計」（Backward Design）論は，ウィギンズとマクタイ（初版1998,第2版2005）の共著『理解をもたらすカリキュラム設計（Understanding by Design)』において提唱されたカリキュラムを設計するための理論である。同書の第2版が西岡（2012）によって邦訳され，邦訳書には副題として「『逆向き設計』の理論と方法」が付けられている。

　「逆向き設計」はカリキュラムを計画するアプローチを3段階で構想している。それは，第1段階：求められている結果を明確にする，第2段階：承認できる証拠を決定する，第3段階：学習経験と指導を計画する，の3段階である。何をどのように教えるのかを決めてから，それがどのような子どもの姿につながるのかを考えたり，それをどのように評価するのかを決めたりするのではなくて，目標となる子どもの姿を想定し，それを評価する方法を決めてから，教える方法・プロセスを決める，という点で「逆向き」である。

　そのうえで，「逆向き設計」論は，カリキュラムの設計手順を「逆向き」にするという点のみを謳った理論ではない。目標となる子どもの姿としての「理解」についての再定義と，その「理解」した姿を評価する方法としての真正の評価あるいはパフォーマンス評価を主張している。

　ウィギンズらは，指導あるいは子どもの学習の目標としての「理解」を，効果的な応用・分析・総合・評価を通してスキルと事実を賢明かつ適切に制する能力として理解している。これは，ある文脈において学んだ事実やスキルをもって，与えられた状況を乗り越える能力，すなわち転移させる能力としても理解されうる。

　何をもって「理解」したと見なすのかという点に関わって，「理解」している姿として以下の6側面が提案されている。それは，説明することができる，解釈することができる，応用することができる，パースペクティブを持つこと

ができる，共感することができる，自己認識を持つことができる，の6つである。だから，子どもが「理解」したかどうかを評価することは，これら6つの側面で子どもたちをとらえようとすることに他ならない。こうした「理解」を構成する，切り取られた事実やスキルを評価するためには，筆記テストや限定条件下での実技テストで事足りるかもしれない。その一方で，6つの側面の核心部分の評価のためには，そのためのパフォーマンス評価が求められることとなる。

2.「逆向き設計」論の実践的課題

カリキュラム構成論として，つまり，子どもの経験を子どもとともにつくるという観点から言えば，一度「逆向き設計」されたものに固執しすぎることは危険である。

よくできたパフォーマンス課題とルーブリックは，子どもの複雑な「理解」を可視化するだろうし，それによって妥当性の高いカリキュラム評価を可能にするだろう。その一方で，数々のサンプルに基づいたものであるとは言えルーブリックに示された子どもの姿は「そのように見えるだろう」という教師側の想定であることを忘れてはならない。そのように見えなかったからといって，その子どもが「学べていない」と断定するのは拙速でありうる。まさにウィギンズらの言う「理解は単一ではないかもしれないことを理解する」必要があるだろう。

参考文献

グラント・ウィギンズ，ジェイ・マクタイ（西岡加名恵訳）（2012）『理解をもたらすカリキュラム設計─「逆向き設計」の理論と方法』日本標準。

西岡加名恵編著（2008）『「逆向き設計」で確かな学力を保障する』明治図書出版。

ジェリー・Z・ミュラー（松本裕訳）（2019）『測りすぎ─なぜパフォーマンス評価は失敗するのか？』みすず書房。

（樋口裕介）

Q5 特別活動を軸としたカリキュラム開発の意義と 課題について述べなさい

　そもそも「特別活動」とは，何だろう。「総合的な学習（探究）の時間」や「課外活動」と区別できない読者は，本企画の他の巻や，教職課程のテキストを，再読してほしい。次に「カリキュラム開発」は研究の用語で，学習指導要領にはない。学校教育には，学習指導要領に詳しく書かれていない事柄も，数多くある。これらを前提とし，特別活動を軸としたカリキュラム開発の意義1．と，その課題2．について，順に述べる。

1．特別活動を軸としたカリキュラム開発の意義

　現在の日本の教育課程は，各教科と検定教科書のない「教科外」とを組み合わせて編成される。語「教科外」は法規にないので，「」をつけた。「教科外」の例として，総合的な学習（探究）の時間，小学校の外国語活動，そして特別活動がある。幼稚園や公的に認められた一部例外を除き，原則として，各教科だけでは教育課程を編成できない。

　特別活動と聞いても，「？」かもしれない。学活（高：ホームルーム）・児童（中高：生徒）会・行事等と，具体例を挙げれば「！」となるだろう。なお同じ「特別」という言葉を使うが，特別活動と特別支援教育とは，歴史も内容も異なる。また「部活動」は，学校教育の一部だが，教育課程や特別活動には含まれない。現在，必修の「クラブ活動」は，小学校の特別活動にしかない。

　特別活動に検定教科書はない。学習指導要領にも，週1回相当の学級（高：ホームルーム）活動を除き，「この行事を何回やるべし」という定めはない。それゆえ学校や地域によって，歴史や伝統が強く反映されるため，特別活動の実態は多様である。学級で「班」や「係」を決める，運動会に食べ物の屋台が出る，修学旅行がない，生徒会選挙が盛り上がる，体育祭で仮装行列をする等々，「そうそう！」という人もいれば，「は？　何それ？」という人もいるだろう。各学校独自の実践は，学習指導要領が明記しない多様な学習経験を提供するという意味で，「カリキュラム開発」と呼べる。

　以上の整理から，特別活動を軸としたカリキュラム開発の意義は，「各学校や各地域の実態を反映し，検定教科書がない教育活動を多様に展開し，学習者に何らかの経験を提供する」といえよう。

2．特別活動を軸としたカリキュラム開発の課題

　1．の最後に述べた「何らかの経験」は，良いことだけではない。いわゆる「いじめ」や「不登校」，「仲間はずれ」，「無関心」や「無気力」が，特別活動で生じる場合もありうる（例：修学旅行の班分け）。問題を見過ごし改善しない，漫然と前例が踏襲され形骸化する，これらが大きな課題である。

　もう一つの課題は，各学校の扱いや，教員の認識である。教室掲示の時間割に，「学活」や「(L) HR」はあっても，「特別活動」はまず見かけない。教職科目の履修前に，特別活動と総合的な学習（探究）の時間とを区別できる受講生は，わずかである。部活動を特別活動と混同したり，生徒（小：児童）会は役員限定と思い込んだりする場合も，よくある。これらは教員養成の課題であるし，現職教員に正確な理解が求められるところでもある。

　最後に，各教科等との関連付けである。2017年告示の学習指導要領には，「教科等横断的」や「横断的・総合的」という語がある。重要なのは，「教科等横断的」である。各教科間だけでなく，教科と「教科外」との組み合わせも想定されているからである。教育内容の関連付けとみれば，「横断的・総合的」も意味が近い。特に教科担任制の中学校や高等学校では，各教科と特別活動や総合的な学習（探究）の時間等との往還が，一層必要とされる。

　特別活動は，「お楽しみ」や「息抜き」だけの時間ではない。特別活動にこそ，各学校によるカリキュラム開発の腕前が表れるのである。

参考文献

日本特別活動学会編（2019）『三訂　キーワードで拓く新しい特別活動』東洋館出版社。

根津朋実（2017）「『何のための特別活動か』が問われている」水原克敏編『新小学校学習指導要領改訂のポイント』日本標準，pp. 114-119。

（根津朋実）

Q6 総合的な学習（探究）の時間を軸とした カリキュラム・マネジメントのあり方について 述べなさい

　カリキュラム・マネジメントで重要なのは，子どもの現実からカリキュラムと授業を構想し，子どもの視点から見直しを行うことである。カリキュラムを子どもの「学びの履歴」ととらえ，過去の学習経験を把握し，現在どのような学習が必要かを判断し，ヒト・モノ・コトの選択と配置を行う。授業で子どもの姿や学習成果から経験の内実をみとり，カリキュラムを見直していく。そうすることで，教師の「教え」と子どもの「学び」が相互に発展していくカリキュラム・マネジメントが可能となる。このカリキュラム・マネジメントの軸として，総合的な学習（探究）の時間を考えることができる。

　「総合学習」は，もともと日本教職員組合が1970年から1974年にかけて行った教育課程改革案の検討において，教科と教科外をつなぐ新たな領域として提起したものである。総合学習は，1996年の中教審答申「21世紀を展望した我が国の教育の在り方について」で求められた「特色ある学校づくり」を進めるために，1998年版学習指導要領で「総合的な学習の時間」として導入された。高等学校においては，大学教育との接続の観点から，2018年改訂版学習指導要領から「総合的な探究の時間」と改称されている。「総合的な学習の時間」の原案作成者である水原克敏によれば，この時間の目的は，教育課程において教科で「縦割り」されている知識・技能を総合すること＝「知の総合化」，またそれを通して学習において子ども一人ひとりが自分なりに知識・技能を総合すること＝「知の主体化」にあるという。

　他方，「総合的な学習の時間」には，教科の枠組みを超えた地域学習，キャリア教育などの役割も期待されてきた。学校現場では，様々な体験活動を通して，また特別活動とも連動させながら，子どもが自身の生活や地域について認識を深め，進路についても考える学習が展開されている。そこで期待されているのは，生活する主体，地域・社会で生きる主体の形成である。

　稲垣（2001）は，日本の「総合学習」の実践史を明治時代から遡って整理す

ることを通して，総合学習の実践的特長を，①国や文部省によって定められた目的，教育内容，教材を伝達する定型化された授業の改造，②子ども一人ひとりの生活と個性の重視，③多様な広がりを持ち，また学問・文化の世界へとつながり，かつ子どもが追求したくなるような主題（テーマ）の設定，④教師自身が子どもと一緒にその主題を追求し，子どもをみとり支える，という4点に整理している。教師一人ひとりが，目の前の子どもの姿から授業を創り出す点が強調されるとともに，子どもの生活と教科（科学）を総合するカリキュラム・授業のあり方が提起されている。

「総合学習」の歴史や「総合的な学習の時間」導入の経緯をふまえると，総合的な学習（探究）の時間で重要なのは，子ども一人ひとりの教科と生活に関する経験を総合し，学習と生活の主体を形成するカリキュラムと授業を創ることである。またこの時間が「特色ある学校づくり」の実現への推進力として導入されたことに鑑みれば，そうした実践は，学校レベルのカリキュラム・マネジメントのなかでこそ行われるべきであると言えよう。

例えば，広島県立日彰館高等学校は，様々な特別活動を地域に密着した形で行っており，地域とのつながりも大いに活用しながら，1年生で地域研究，2年生で国際研究，3年生で卒業研究という，ローカルかつグローバルな視点で自分の生き方を考えられるよう，総合的な探究の時間を展開している。さらに，子どもの姿をみとる大学と共同で行う授業研究を重ねることで，各教科，特別活動，総合が連関する学校カリキュラムを模索している。

総合的な学習（探究）の時間とカリキュラム・マネジメントは，相互に不可分で，相互影響の関係にある。その両者を統一的に発展させるには，子どもの姿をみとる授業研究を軸とする必要があるだろう。

参考文献

稲垣忠彦（2001）『総合学習を創る』岩波書店。

日本教職員組合編（1976）『教育課程改革試案』一ツ橋書房。

広島県立日彰館高等学校編（2019）『研究紀要第16号平成30年度』。

水原克敏（2016）『学習指導要領は国民形成の設計書—その能力観と人間像の歴史的変遷』東北大学出版会。

（佐藤雄一郎）

Q7 地域と連携したカリキュラム開発のあり方について述べなさい

　この問いは，1．地域とはどこか，2．どう連携してカリキュラム開発をするか，3．あり方つまり理想的な形は，の3つに分割できる。ただし，もとの問いには肝心の主語がない。そこで2．の主語に「学校」を補い，「学校が地域とどう連携してカリキュラム開発をするか」を述べる。

1．地域とはどこか

　義務教育の場合，大多数は公立学校で，徒歩や自転車で通学する。児童生徒の認識として，「地域」は生活圏の通学区域を指し，広くても「自分が住む自治体」だろう。高等学校は学区がより広く，私立の割合も増える。電車やバス等の公共交通機関で通う生徒も珍しくないし，寮生活や通信制もある。さらに，児童生徒と教員とで，「地域」の認識が同じとは限らない。よって，「地域のとらえ方は，学校段階や立場によって異なる」といえる。

　2017年改訂の学習指導要領「前文」に，語「社会に開かれた教育課程」が登場した。地域は当然，社会を構成する重要な場である。また，ヴァーチャル空間を除けば，学校はどこかの地域に実在する。そして学校の「番組」として，教育課程が編成される。ここから，「社会に開かれた教育課程」とは，「地域に開かれた学校」が前提にあると考えられる。

　以上の整理から，「この学校が開かれる地域はどこか」という問いを，各学校で考慮する必要がある，といえるだろう。この問いへの応答が，「地域と連携したカリキュラム開発」の，出発点や土台を構成する。

2．学校が地域とどう連携してカリキュラム開発をするか

　「カリキュラム開発」は，学習指導要領に基づき編成される教育課程とは，意味がやや異なる。研究用語として歴史があり，近年の「カリキュラム・マネジメント」に近く，各学校の創意工夫による実践という意味が強い。

　玉井（2016:40-42）は，「地域素材の発掘とカリキュラム・マネジメント化」

として，次の3点を挙げた：(1) 地域素材の発掘と専門施設との連携，(2) 地域カリキュラムの教科間・学年間の体系化とカリキュラム・マネジメント，(3) 地域図書館活動・読書活動との連携と言語的な活動。いずれも，「地域と連携したカリキュラム開発」にとって，参考になる論点である。

　ここで動作を表す言葉に注目すれば，「発掘」・「連携」・「体系化」・「活動」と，学校単独で何かするというより，学校外との結びつきを見つけ，つながりを組織し，実施を進めるというイメージが伺える。その相手方として，「地域」・「専門施設」・「図書館」等といった，学校外の人々や社会教育施設が考えられる。地場産業やNPO，ボランティア団体等も含まれるだろう。

3．理想的な形は

　約20年前，総合的な学習の時間の導入の頃から，「ゲスト・ティーチャー」や「地域の先生」という語が使われ始めた。語「学校ボランティア」も，約30年前の用例がある。「地域に開かれた学校」という前提からすれば，多様な地域の人々が学校教育に携わるようになった実態は，歓迎すべきだろう。

　ただし，地域の人々の多様な関心や意向を，学校のカリキュラム開発にそのまま持ち込むと，不都合も起こりうる。政治的・宗教的な中立性の確保はもちろん，学習指導要領や諸法規の趣旨を逸脱しないよう配慮する必要も生じる。学校が地域に要求するだけで，地域に「見返り」が乏しい場合も，ぎくしゃくする。一つの理想的な形は，各種の利害関係の調整を経た，「互恵関係」（玉井2016：40）や「互恵性」の構築だろう。

　公立学校の場合，地域との連携や利害関係の調整には，教育委員会の関与が不可欠である。教育委員会は，学校教育だけでなく，社会教育も扱う（地方教育行政の組織及び運営に関する法律，第21条）。各学校が地域と連携する前提として，教育委員会と地域との連携が必須となるだろう。

参考文献
玉井康之（2016）「カリキュラム・マネジメントを踏まえた地域社会との連携」『教育展望』62（3），pp. 39-43。

（根津朋実）

Q8 学校間連携によるカリキュラム・マネジメントの意義と課題について述べなさい

1．なぜ学校間連携においてカリキュラム・マネジメントが必要なのか

　学校間連携によるカリキュラム・マネジメントには，縦の学校間連携と横の学校間連携がある。縦の学校間連携とは，小学校と中学校，または中学校と高等学校などの異なる学校種間の連携であり，横の学校間連携とは，中学校ならば中学校と同じ学校種間での連携を意味している。縦の学校間連携では，子どもの進学による学校間の移行が引き起こす問題，いわゆる「中１ギャップ」などへの対応が大きな課題となってきた。また横の学校間連携としては，他の学校の授業研究会などの近隣の教員が研修として参加することは行われてきたが，それが学校を越えた教員間の連携や教科間の連携へと有効に活かされていないという課題があった。これらの課題に対して，カリキュラム・マネジメントによって指導内容と方法の水準において連携・接続を図ることが求められている。

2．学校間連携によるカリキュラム・マネジメントの意義と課題

　縦の学校間連携によるカリキュラム・マネジメントの意義として，教員の立場からみると，これまでの学校間連携では，上級から下級の学校への単なる要求となる場合が多かった。対して，義務教育期間の９年間を見通したカリキュラムの中で教員の交流を図っていくことで，継続的な子ども理解に基づいた教育活動を，組織的，計画的に行っていくことができる。また子どもの立場から見ると，学級担任制から教科担任制へ，という小学校と中学校との間の大きなギャップに対して早くから馴染むことができ，さらに小学校の間から教科の専門性の高い授業を受けることができるというメリットがある。

　横の学校間連携によるカリキュラム・マネジメントの意義としては，地域コミュニティとの連携を挙げることができる。地域の人的・物的資源を活用した

り，学校教育を学校内に閉じずに，地域や社会と共有し，連携を図っていくことが「社会に開かれた教育課程」として求められている。学校間連携によるカリキュラム・マネジメントは，地域コミュニティに対して，一貫した学校の目標や指導方針を伝えることができ，地域人材の積極的な活用につなげることができる。それにとどまらず，マネジメントのサイクルの中に地域コミュニティを巻き込んでいくことで，地域コミュニティづくりにも貢献することができる。

　学校間連携によるカリキュラム・マネジメントを行う上で課題となるのが，学校文化や教員文化の壁である。一つひとつの学校には異なった学校文化が存在し，また学校種が異なると，「教員文化」も異なっている。学校種間によるカリキュラム・マネジメントによって連携・接続を図っていくためには，表面的な指導内容や方法の問題だけではなく，その背後にある教育観や子ども観も含めて，議論をしていくことが求められる。

　ただし，学校間連携によるカリキュラム・マネジメントは，あくまでも子どもに育成したい資質・能力のために，カリキュラム・マネジメントとして教育課程を縦や横，社会に開いていく必要がある，という順序である。それゆえ，カリキュラム・マネジメントを通して学校間や学校種間の連携，さらには学校と地域の連携を図ることは，他の学校や社会の要求に合わせて教育課程を変えていくことではない。学校や教員の自律性を尊重しながら，学校間の連携が行われなければならない。

参考文献

田村知子・村川雅弘・吉冨芳正・西岡加名恵（2016）『カリキュラムマネジメント・ハンドブック』ぎょうせい。

藤江康彦（2019）『小中一貫教育をデザインする―カリキュラム・マネジメント52の疑問―』東洋館出版社。

（松田　充）

第8章　教育技術の革新と
　　　　教育方法学研究の課題

リードQ1 教育技術の特質と教育方法学研究の課題について述べなさい

　教育技術は，教師がある教育目的を達成するための手段や方法の体系を指す。それゆえ，教育技術には，単に優れた教材を準備できることやICT機器の取り扱いに長けているといった手段的側面のみではなく，子どもにいかに働きかけるかといった機能的側面も含まれる。というのも，教育という営みは教師の働きかけという作用と子どもたちからの何かしらの反応という反作用による相互作用の中で展開しているのであり，この教師と子どもの相互作用をいかに組織するのかといった点に教育技術の特質が見出される。このことは教育技術を考える際に重要な2つの論点を示している。すなわち，一つには教育技術は常にそれを用いることで達成したい教育目的との関係の中で論じられなければならないということであり，いま一つには子どもへの媒介無くしては教育技術は無力であるということである。

　電子黒板や電子タブレットなどのICT機器は，教師による授業材の提示や子どもたちによる関心や疑問の探求のための道具として活用されることで，従来では実現できなかった様々な授業展開を可能にしている。このような科学技術の発展は授業の可能性を大きく広げたと同時に，授業の中でICTを活用することや授業を通して子どもたちにICTを活用させる能力を身につけさせることを要求している。しかしながら，これらの要求によって教育目的に対する問いが見えにくくなっていることに留意しておく必要がある。授業におけるICT活用は，そのことで教育目的をより良く達成するために必要なのであり，あくまでも教育目的に対する手段のあり方が問われているのである。情報化社会を生きる子どもたちには確かにICTを活用する能力が求められる一方で，何のためにICTを活用するのか，自分の実現したい生き方の中でICTをどのように活用することができるのかという目的を見失えば，ICT機器を操作することはできても活用する力を身につけることはできないだろう。

　教師と子どもの相互作用の中で展開している教育という営みの中で，教師は

教材や教具を媒介としながら，子どもに教育内容を伝達しなければならない。すなわち，教師が教材内容やICT活用の取り扱いに精通していても，その技能でもって教育内容が子どもへと媒介されなければ，そして子どもの反応が引き出せなければ，その教師の教育技術は不十分であると言わざるを得ない。しかしながら，教育技術が働きかける対象は人間であるため，同じ技術でもって働きかけることが，常に一定の教師と子どもの相互作用を生起させるわけではない。それゆえ，教師には，目の前の子どもの反応を敏感に感じ取り，子どもの反応に応じて問い方を変更したり，当初の授業計画を修正したりすることが求められる。ヘルバルト（Herbart, J. F. 1776-1841）が子どもに対する刻々とした行為のあり方を「教育的タクト（pädagogischer Takt）」と呼んだように，この刻々とした子どもの反応にいかに応答するのかという判断にこそ教育技術のあり方が現れているのである。

　教育方法学研究においては，教育技術を優れた教師の名人芸といったような個人的な技能としてではなく，誰でも身に付けることのできる客観的・普遍的な方法としてその原理・原則を明らかにし，体系化・理論化していくことが課題となる。とりわけ，目まぐるしい科学技術の発展による急速な教育手段の進化と多様化の中では，改めて手段を規定している教育目的や理念が原理的に問い直される必要がある。教育の目的や内容，組織や形態とどのように関連させながら教育の手段を選択するのか，それがどのような効果をもたらすのかを明らかにする研究が期待される。

参考文献

ヘルバルト（高久清吉訳）（1972）『世界の美的表現―教育の中心任務としての―』明治図書出版。

深澤広明（2014）「教えることの『技術』と『思想』―教育方法の原理的考察―」深澤広明編著『教師教育講座第9巻　教育方法技術論』協同出版，pp.9-20。

吉本均（1986）『学校教授学の成立』明治図書出版。

（安藤和久）

▶ リードQ2 コンピュータを利用した教育の展望について概説しなさい。

　読者の皆さんは，大学でパソコンやタブレット，スマートフォンといったいわゆる「コンピュータ」を利用して，授業中に利用したり，授業の動画を視聴したりした経験があるだろう。では小学校から高等学校にかけて，学校でどの程度コンピュータを利用したことがあるだろうか。この質問に「ほぼ毎日学校でコンピュータを利用していた」と答える方は少ないと予想される。その理由として，近年の国際的な調査を挙げることができる。

　例えば，2018年に実施されたOECD国際教員指導環境調査（TALIS）では，「児童生徒に課題や学級での活動にICT（情報通信技術）を活用させる」といった項目がある。これについて，「いつも」または「しばしば」と回答した割合をみると，参加48ヵ国の平均（中学校）は51.3％であるのに対し，日本では中学校で17.9％，小学校で24.4％となっており（文部科学省2019），大きな差がある。また，OECDが2020年に公表した「COVID-19への教育対応の指針の枠組み」（A framework to guide an education response to the COVID-19 Pandemic of 2020）では，PISA 2018の調査結果をもとに，「教員はデジタル機器を指導に取り入れるために必要な，テクノロジーを使って教授するためのスキルを持っている」，「教員はデジタル機器を用いた授業を準備するための十分な時間がある」，「教員がデジタル機器の使い方を学ぶための効果的・専門的なリソースが利用可能である」，「教員にはデジタル機器を授業に取り入れるためのインセンティブが提供されている」，「効果的なオンライン学習支援のプラットフォームが用意されている」といった項目に対して，「とてもそう思う」または「そう思う」と回答した学校長の割合を各国で比較した結果を示しているが，日本はこれら全ての項目において，参加国の中で最下位（最も割合が小さい）である。このような調査結果を踏まえると，日本では教員が授業でICT等のコンピュータを生徒に活用させる機会が他国より少なく，教員がコンピュータを授業に導入したり活用したりするスキルやリソースが課題となっていることが分かる。

こうした課題に対し，近年日本では学校にコンピュータを導入し活用しようとする動きが見られる。そして，コンピュータを活用した能力やAI技術の利用による学習の変化といった課題も取り上げられるようになってきた。本章の前半部では，コンピュータを活用した教育の動向について扱っているが，後半部（Q5からQ8）では，今後コンピュータの利用によってどのような教育が展開されていくのかを検討するきっかけとなる内容を扱っている。

まず，Q5ではコンピュータの活用によって生徒にどのような能力が身につくのか，ここでは代表的に情報活用能力を取り上げて紹介している。続いてQ6では学校外施設での教育について概説している。一見，これはコンピュータを活用した教育との関連がないように思える。しかし，児童生徒がコンピュータを活用して学習できるようになることは，学校以外の場所，つまりどのような場所でも学習することができる可能性を秘めている。そうすると，コンピュータを活用した学習は教室内に限った話ではないように思える。Q6ではその一例として，学校以外の場所でどのような教育が実施されてきたのかについて紹介している。最後に，Q7とQ8ではAI技術の利用による教育について概説している。本章の後半部を読むことで，これから学校以外の場所でどのような学習ができるのか，その際コンピュータはどのように利用できるのか，AI時代における教師に求められるものは何かについて読者の皆さんが考えるきっかけになっていただければ幸いである。

参考文献

Fernando, M. R. & Andreas, S.（2020）A framework to guide an education response to the COVID-19 Pandemic of 2020, https://read.oecd-ilibrary.org/view/?ref=126_126988-t63lxosohs & title

文部科学省（2019）「OECD国際教員指導環境調査（TALIS）2018報告書—学び続ける教員と校長—のポイント」https://www.mext.go.jp/component/ b_menu/other/__icsFiles/afieldfile/2019/06/19/1418199_2.pdf

（古賀竣也）

Q1 教育の情報化の動向について概説しなさい

1. 情報化社会と GIGA スクール構想

　情報機器が誰にとっても身近になり，ネットワーク通信技術が飛躍的に発展するなか，Society5.0（IoT（モノのインターネット）やAI（人工知能）などの最新テクノロジーを活用した便利な社会）を生きる子どもたちを育成するため，文部科学省は2019年12月に「GIGA（Global and Innovation Gateway for All）スクール構想」を打ち出し，5年間のうちに，学習者1人につき1台の学習用端末を整備し，同時に高速大容量の通信ネットワークを整備していくと表明した。

　GIGAスクール構想の大きな目的は，校務の効率化と，ICT（情報通信技術）を基盤とした先端技術・教育ビッグデータを効果的に活用し，子どもの力を最大限引き出すことのできる「公正に個別最適化された学び」を実現することである。情報技術の活用により，個々の子どもの状況をより詳細かつ継続的に把握できるようになり，学習履歴や行動等のこれまで集積・分析が及ばなかったビッグデータが分析されることによって，教師の「経験値」が可視化され若手教師に円滑に引き継ぐことができるようになり，指導方法といった新たな知見を生成することにもつながると期待されている。また，AIを用いて適切な練習問題を提示し知識・技能の定着に役立てる，いわゆる「AIドリル」にも注目が集まっており，IoTと人工知能によって，より個々人のニーズに応じた教育の提供が行えるのではないかという期待が広まっている。

2. 情報化社会の授業の形

　現在教育現場では，電子黒板やタブレット端末を使って，電子教科書のほか，写真や動画，音声など多様なメディアが授業に用いられるようになった。こうした機器は，焦点化させたい箇所や，比較し検討させたい箇所などを明示したり，子どもたちの考えや作品を交流させたり，以前の学習内容を保存しておき必要な場面で表示し振り返ったりと効果的に使用されている。また，遠く

離れた教師や，違う学校で学ぶ子どもたちと繋いで行う遠隔授業は，特に少子化の進む離島や山間部の教育において，児童生徒が触れることのできる「人」「もの」「こと」といった教育資源を補い，教育指導やコミュニケーション能力の育成に役立てられている。現在，日本語指導が必要な子，特異な才能を持つ子，発達障害の子，不登校など教室の授業に参加しづらいと感じている子どもたちは，各校の個別の対応では，同じような境遇にある子どもたちと関わる機会が担保できない状況にある。遠隔教育を用いることで，多様なニーズに応じて，離れた場所であっても適切な指導や支援が受けられ，共に学ぶ繋がりを結ぶことにもなるであろう。

　平成29年改訂学習指導要領では，「情報活用能力（情報モラルを含む）」が学習の基盤となる資質・能力の一つであり，様々な教科の指導や学習に生かしていくべきものであると強調されている。「情報活用能力」は，単なる操作能力以上の，知識・技術を組み合わせて活用する能力であり，自ら見通しを立て，モニタリング（自己調整）しながら学習に取り組むための基礎となる力でもある。「反転授業」のように，オンデマンド教材を使った個別学習で，あらかじめ知識の伝達と習得（インプット）の側面を済ませておくことで，授業ではその知識を応用したチーム・プロジェクトに取り組んだり，質問をして理解を深めたりという，アウトプットに重点を置くことができる。

　ICTの特徴は，マルチメディアの利用により，各教科の本質的理解に役立つ点，教室内外のコミュニケーションをよりスムーズにできる点であり，その特徴を生かすことで協調的・双方向的・探究的な学びを実現し，子どもたち自身が問題解決や価値の創造に取り組んでいく授業の創造が望まれている。

参考文献

文部科学省（2019）「新時代の学びを支える先端技術活用推進方策」https://www.mext.go.jp/a_menu/other/1411332.htm（2020年9月9日閲覧）

コリンズ，ハルバーソン（稲垣忠編訳）（2012）『デジタル社会の学びのかたち：教育とテクノロジの再考』北大路書房。

バーグマン，サムズ（山内祐平・大浦弘樹監修，上原裕美子訳）（2014）『基本を宿題で学んでから，授業で応用力を身に付ける：反転授業』オデッセイコミュニケーションズ。

（松尾奈美）

Q2 視聴覚教育の思想と展開について述べなさい

1．視聴覚教育が目指すこと

　視聴覚教育とは，中野（1979）によると，教育行為を最適（効果的）とするために，画像メッセージと言語メッセージの特質を明らかにし，その具体化としての教授メディアの制作，選択，および利用を主たる課題とする教育理論・実践の分野であると説明されている。この「教授メディア」とは，教具と教材の両方の役割を持っている。視聴覚教育では，学習者の視覚や聴覚に影響を与える視聴覚メディアを効果的に用いて，教育目標の達成を目指す。

　例えば，写真や音声などを提示することは，文字や数式だけでは理解が難しい内容の伝達が容易になるかもしれない。また臨場感のある映像や画像の視聴は，より鮮明に記憶できるかもしれない。視聴覚教育には，学習者の感覚に訴え，学習内容の理解（知識の獲得なども含む）の促進や直接的な経験の代替といった目的がある。

2．視聴覚教育の歴史

　視聴覚教育の発端としては，コメニウス（Comenius, J. A. 1592-1670）が17世紀に出版した『世界図絵』を挙げることができる。世界図絵は，世界で初めての挿絵入りの教科書で，図や絵によって知識を分かりやすく伝達する方法が用いられている。学習者の直観や感性を重視する教育といった教育思想が，ここから展開されるようになる。その後，ルソー（Rousseau, J. J. 1712-1778）の言語主義への批判や，ペスタロッチ（Pestalozzi, J. H. 1746-1827）の感覚的直観教授の提唱などの影響を受けて発展していく。また，デール（Dale, E. 1900-1985）が20世紀に提示した「経験の円錐」は，具体的な経験から抽象的な経験へ移行するといった視聴覚教育の理論に影響を与えている。この円錐は，11の段階で構成されており，頂点に言語的特徴を位置付け，視覚的特徴，ラジオ・レコード・写真，映画，テレビ，展示，見学，演示，劇化された体験，ひながた体験，直接的・目的的経験といった順で裾野に広がる構造を持つ。上に上

がるにつれて経験は抽象的になっていき，メディアは円錐の中間に位置付けられている。

　日本では，戦後以降様々な視聴覚メディアが学校で用いられるようになってきた。これについては宇治橋（2015）を参考に，以下のように整理できる。まず1950年代までは，代表的なメディアとしてラジオや写真などがある。そして1960年代から70年代は，教室ごとのテレビの設置が進むとともに，教育テレビ番組の利用が増えてきた。また同時期に，機器としてテレビだけでなくOHPが教室で利用されるようになった。1980年代になると，録画再生機が普及し，番組の放送時間と授業の時間を合わせる必要がなくなり，教師は授業前に番組の内容を検討することができるようになった。そして1990年代になりパソコンが普及し，文字情報と合わせて音声や画像をパソコンで扱えるようになってきた。

　このような中，メディア教育や情報教育，ICT教育などメディアを扱う教育についての研究が発展してきた。視聴覚教育はこれらの用語と関連している。一方で，多様な用語があるため，視聴覚教育独自の役割・思想とは何か，明確に規定することが難しくなっている。特に，従来から視聴覚教育では，授業の一部を音声や画像を用いてメッセージを伝達してきたが，近年オンラインで「教室での授業のような映像」を視聴することが広がっている。今後は，この授業全体の映像を視聴することにより，学習者にどのような経験を与え，どうやって感覚に訴えていくのか，検討していかなければならない。その際には，映像以外のメディアも含めて考察されるのではないだろうか。

参考文献

中野照海（1979）「視聴覚教育の課題」大内茂男・高桑康雄・中野照海編『視聴覚教育の理論と研究』日本放送協会，pp.16-23。

宇治橋祐之（2015）「多様化する教育メディアの現状—放送メディアの拡張と深化から—」『放送メディア研究』12，https://www.nhk.or.jp/bunken/book/media/pdf/2015_11.pdf（2019年1月20日閲覧）。

（古賀竣也）

Q3 ICTを活用した授業づくりについて 説明しなさい

1．ICTとそれを活用した授業づくり

　コンピューターやインターネットが普及した現代社会において，ICT（Information and Communication Technology: 情報通信技術）なしの生活を営むことは，もはや難しいだろう。まさに日進月歩にIoT（Internet of Things）やAI（Artificial Intelligence）が発展していく中で，これらのテクノロジーは学校や授業のあり方にも変化をもたらしている。様々なテクノロジーを教育活動に活用することをICT活用と呼ぶ。ICTは確かに，鉛筆やノート，教科書や黒板のような教具であるが，伝統的な教具と異なって多様な機能を持っている点に特徴がある。つまり利用者の思考過程の内側に入り込み，教育の文脈と関係に変化をもたらす道具である。それゆえ，単に目標に対しての成果を最適化するためにICTを活用するのではなく，何のために，どのようにICTを活用するのかという利用者の教育観や学習観が決定的な意味をもつ。

　技術の進歩とともに教室で使われるICT機器は変化していっているが，現在，授業において活用されているICTには，実物投影機，電子黒板，デジタル教科書，コンピューターなどがあり，通常これらが授業の中で複合的に活用される。これらのICT活用は，大きく分けると，教授者である教師によるICT活用と，学習者である児童生徒によるICT活用に分類することができる。教師によるICT活用は，ネット上の動画やデジタル教科書といった内容を提供するICTを，プロジェクタや電子黒板といったICTによってわかりやすく提示するという形でなされることが多い。一方で生徒によるICT活用では，個別学習の中で，子どもたちが自身の関心や疑問について深く調べるための道具として用いられたり，これまでの学習の履歴を振り返って自分の学びを意味づけようとする道具として用いられていたり，協働学習においては，自分の調べたことや考えを説明し共有したり，グループでの発表をわかりやすくしたりすることで，協働的な学びを促進するための道具として用いられている。

　またICTの利用によって，価値ある教育実践をデジタル化し「蓄積」することができ，さらにそれをオンライン上での「公開」することによって，その価値や実践知を「共有」することができるようになってきている。特に高等教育においてこのような仕組みが整えられつつあるが，初等中等教育においても今後整備されていくことが期待される。

2．ICT を活用した授業づくりのための課題

　授業の中でICTを活用することそれ自体が何かしらの「良さ」をもたらすわけではないが，新型コロナウイルスの影響によって多くの学校が休校となり，学習機会を提供するためにICTを用いた授業が必然的に要請されたように，ICTを活用することは今後ますます重要となってくる。ICTを活用した授業づくりのための課題として，まず何よりも環境の整備が求められる。文部科学省は2025年度までに児童生徒が1人1台，パソコンやタブレットを利用できる環境整備を行うことを打ち出している。全員に平等な教育機会を保障することは，公教育として確実に求められなければならない。環境整備とともに，ICTを活用するための教師の能力の育成も重要である。そして最後に，2020年度よりプログラミング教育が小学校で必修化されるように，ICTを単なる道具として認識するだけではなく，ICTそれ自体をいかに教えるのかという教育内容の問題も存在している。

参考文献

佐藤学（1996）『教育方法学』岩波書店。

日本教育工学会監修，高橋純・寺嶋浩介編著（2018）『初等中等教育におけるICT活用』ミネルヴァ書房。

（松田　充）

Q4 教材・教具のデジタル化の動向と課題について述べなさい

1. デジタルデバイス─見果てぬ教育の夢

今から約50年前の1969年，週刊少年漫画雑誌『少年サンデー』に夢の学校が描かれた。「コンピューター学校出現!!」と題された絵には，ラボのような教室の中で一人一台のコンピューターを持つ子どもたちが，スクリーンに映った先生の授業を聞く風景が描かれている。そこには黒板もノートもない。生身の先生もいない。代わりに四方八方に配備されたロボットが，先生の代わりに注意散漫な子どもの頭をポカポカ殴る（初見 2012）。

この絵は，ポスト2020年を生きる我々に2つの感情を同時に抱かせる。第一に，一種の滑稽さである。こんにち授業中に映像をスクリーンに流すことは容易いことであり，子どもはコンピューターよりも小型のスマートフォンでやり取りをしている。今の技術水準からみれば，描かれた「未来」のコンピューター学校の設備は，とっくに「過去」の骨とう品になっており，絵の中の過剰な未来描写に可笑しさを禁じえない。

だが第二に，50年前に描かれたコンピューター学校の夢は，今の我々の夢でもあることに気づかされる。教育における ICT 活用の推進は繰り返し声高に叫ばれており，一人一台のデジタルデバイスの普及が要請されている。スクリーンに映った教師から学ぶ教授・学習のオンライン化は，未知の感染症拡大により対面でのコミュニケーションが遂行しない世界においては，喫緊の課題にもなっている。

2. デジタル化は未来を創る？─デジタル教科書（教材）と電子黒板（教具）

学校に通う子どもたちが毎日触れる教材が「教科書」であるとすれば，毎日触れる教具は「黒板」である。それらは「デジタル教科書」と「電子黒板」として，教育現場へのインパクトが期待されている。

デジタル教科書の登場は2000年代中頃に遡るが，それは2010年代になり教

育現場に広く知られることとなった。2011年に文部科学省が取りまとめた「教育の情報化ビジョン」において，デジタル教科書は「デジタル機器や情報端末向けの教材のうち，既存の教科書の内容と，それを閲覧するためのソフトウェアに加え，編集，移動，追加，削除などの基本機能を備えるもの」（文部科学省2011：10）と定義されている。

　日本の法令上，教科書と教材は区別されている。ここで注意しなければならないのは，2021年2月現在，デジタル教科書は教科書（教科用図書）ではない教材として定められているということである。現行の学校教育法において教科書は，紙の書籍であることが大前提となっている。「デジタル教科書」とは，2019年の同法一部改正により登場した「前項に規定する教科用図書……の内容を文部科学大臣の定めるところにより記録した電磁的記録」（第2項）の通称である。したがって，デジタル教科書≠教科書を無条件に紙の教科書の代替物として使用することは，現行の法令上は認められていない（それゆえ無償で配布もされることもない）。しかし改正後の学校教育法では，第3項において「視覚障害，発達障害その他の文部科学大臣の定める事由により教科用図書を使用して学習することが困難な児童」に対しては，デジタル教科書を代用することが認められている。なお以上の情報は2021年2月現在のものである。デジタル教科書をめぐる法的・政策的条件が日々変化しているため，情報の更新には十分目配りする必要がある。

　デジタル教科書に対してこうした規制がかけられている理由の一つは，それが検定を経て採択される教科書を，デバイス上で編集したり削除したりする機能を備えているためである。実際にデジタル教科書は，書き込みや文字の拡大はもちろんのこと，文字の色を変更したり書かれている内容を音声で読み上げるなど，紙の教科書にはない様々な機能が搭載されている。それゆえ視覚障害や聴覚障害などのある子どもたちに対し，教科書の内容を伝達する上では極めて有効なメディアとなっている。

　デジタル教科書は厳密には，子どもたちがパソコンやタブレットなどの機械を用いることで機能する「学習者用デジタル教科書」と，そうではない「指導者用デジタル教科書」の2種類がある（文部科学省2011：10）。上述までのデジタル教科書が前者の「学習者用デジタル教科書」を指しているのに対し，教師

が用いる後者の「指導者用デジタル教科書」には，2000年代中頃に登場した教具としての電子黒板が欠かせない。電子黒板では，教師用デジタル教科書を用いることでコンテンツの拡大や強調，読み上げなどが可能となる。またそれを使用したオンラインでのコミュニケーションもできる。チョークを使わずタッチペンで操作可能であるため，粉が教室を舞うこともない。電子黒板と似たような機能を持つデバイスとして，パソコン上の画面をスクリーンに投影するプロジェクターや，シートの上に置いた物をスクリーン上に大写しにすることのできる実物投影機などがある。

　それでは，こうした新しいデジタルメディアの登場は，従来の教育をどのように変えるのであろうか。インターネットでそれらの活用法に関する研究を検索すれば，論文や報告書が数多く出てくる。その中には，新しいメディアの素晴らしさや可能性を雄弁に語るものもあれば，教師や子どもを対象とした効果の実証研究もある。しかしその大半が特定の学校や学級や子どもたちや教材を対象とした事例研究（ケーススタディ）であって，効果の普遍性を実証するものではない。医療に例えてみれば，デジタル教科書や電子黒板は，未だ治験（臨床実験）の段階にあり，効き目が普遍妥当な形で証明された上で活用が推進されているわけではないのである（cf. 清水 2014：191）。

3．教材・教具のデジタル化の課題―普及のための課題と普及という課題

　こうした状況にある教材・教具のデジタル化には，大別して次の2つの課題がある。第一に，デジタルメディアを普及させるために必要な法整備や予算の確保，そして各学校における環境整備や教員研修がある。上述の通り，デジタル教科書は現時点では法令上の教科書としては位置づけられておらず，普及のためには2014年の段階で最低でも2,480億円の財政措置が必要との試算も出ている（小河 2014）。また各学校のネットワーク確保や個別の教員の研修も欠かすことができない。教材・教具のデジタル化が必要かつ教育に有効であるとするならば，こうした普及のための課題を乗り越える必要がある。

　もう1つの課題は，デジタル教科書や電子黒板といった新しいメディアの普及が促進されていることそれ自体である。既に述べた通り，それらの教育にお

ける有効性はまだ十分に実証されてはいない。つまり効果があるから導入が促進されているのではなく，導入が促進されているから効果を（後付け的に）検証しているのが実際である。メディア論を専門とする佐藤卓己は，「メディア」という曖昧模糊（あいまいもこ）な言葉を「広告媒体」と読み替えている（佐藤 2011:6）。広告媒体は消費者のニーズを先取りし，彼らを商品の購入へと巧みに誘導する。デジタル教科書や電子黒板もまた，そうしたメディア＝広告媒体として，政治家や官僚，新しい物を好む研究者や教師を惹きつけてやまない。もちろん効果が実証されていないから導入をすべきでないと早急に結論づけることはできないし，そうしたメディアに全く効果がない（あるいは悪影響）と断じる態度も偏見と隣り合わせである。そうであっても，教材と教具のデジタル化が進むことでもたらされる教育のユートピアとは，果たしてどれほどのものなのだろうか。デジタル教科書や電子黒板が当たり前のように学校に入り込めば，すぐにそれらは，紙の教科書やチョークで書く黒板と同じように，陳腐な日常になりはしないか（cf. 同上:3）。ユートピアが理想郷として存在可能であるのは，それが未だ実現されていないからこそである。そうであるとすれば，教材・教具のデジタル化の呼び声が描き出すユートピアの平凡さや虚構性を暴き出すことや，夢の世界を演出する政治的権力関係（ポリティクス）と批判的に対峙する「メディアリテラシー」を育成することもまた，デジタルメディアに満ち溢れたポスト2020年において必要となるであろう。

参考文献

初見健一（2012）『昭和ちびっこ未来画報』青幻社。

文部科学省（2011）「教育の情報化ビジョン」https://www.mext.go.jp/component/a_menu/education/micro_detail/__icsFiles/afieldfile/2017/06/26/ 1305484_01_1.pdf

小河智佳子（2014）「デジタル教科書導入に必要な費用に関する一考察」日本デジタル教科書学会『デジタル教科書研究』pp. 24-36。

佐藤卓己（2011）「教育のニュー・メディア幻想」稲垣恭子編『教育文化を学ぶ人のために』世界思想社，pp. 2-25。

清水康敬（2014）「1人1台端末の学習環境の動向と研究」『日本教育工学会論文誌』38（3），pp. 183-192。

（田中　怜）

Q5 児童生徒の情報活用能力育成の意義と方法について述べなさい

　1987年の臨時教育審議会で初めて登場して以来，「情報及び情報手段を主体的に選択し活用していくための個人の基礎的資質」として，情報活用能力は読み，書き，算と並ぶ基礎的なリテラシーに掲げられるようになった。情報化が進んだ社会においては，人々の日常的な思考・行為・判断の中でも多量の情報を整理・処理・活用することが求められてきた。とりわけ総合的な学習の時間で想起されるような問題解決学習などにおいて，子どもは得た情報を，自らの問題設定や解決の論証に埋め込むことで処理・活用することに取り組む。この活動は，インターネットやテレビジョンから得られる情報に囲まれた今日の社会では，社会で働く上でも，健康や家計といった家庭生活上においても，自らの思考と判断から切り離すことのできないものである。また，この活用の過程では情報モラルの学習も重要視されている。

　文部科学省（以下，文科省）は，情報活用能力育成の新しい中核の一つに，「自分が意図する一連の活動を実現するために，操作の組み合わせを通して論理的に考えていく力」としてプログラミング的思考の育成を目指すようになった。AI技術の発達とICTの普及によって産業や労働の仕組みが根本的に変わり，定型的業務や数値的に表現可能な業務をAI技術に託しつつ，創造的・革新的にデータ活用する人材が求められるようになる「Society5.0」の到来を見通して，文科省や大臣会議は，従来言われてきた，情報を得て整理・処理することをよりいっそう重視しつつも，自らが論理的な操作を加えて情報を生み出すこともまた必要な力だとして重視するに至った。

　情報活用能力は情報を主体的・批判的に読み解く力を，プログラミング的思考とは，物事の進め方を論理的に組み立てていく操作・加工の思考力を指している点で，コンピュータ上の事柄に留まらない，創造力と構想力，論理力と批判的思考を求める本源的な人間の認識と判断の育成にも通ずる意義を有している。この力をそうした本源性につなげていけるような育成の方途が模索されな

ばならない。

　情報活用能力育成のための方法は，総合的な学習の時間における問題解決学習で，子どもが，書籍やインタビュー，インターネットを通じて適切な情報を収集・加工・処理し，論証（アーギュメンテーション）に用いていくことが想起されよう。しかし情報の読み取りはとりわけ複数のリソースであったり，競合する事実が含まれる情報であったり，加工されていないローデータであったりする場合は，子どもの情報処理能力を超えてしまうため，統計教育や数学・理科・社会などで情報の読み取りの基礎的な力をつけることが必須である。

　プログラミング的思考の育成に関しては，例えば，ゲーム感覚で，最も効果的な動きを目標に（例：マップにポイント地点を敷き，ロボットにそこを通って行けるようなプログラムを考えさせ，操作させる），プログラムを試行錯誤しながら作成する実践事例がある。そこでは効果的な操作と非効果的な操作の「両方」を操作後に確認・省察することが肝要とされる。論理的に順序良くタスクを処理する思考様式は，コンピュータ・タブレット上での操作に留まらず，学校行事・クラブの運営などの中でタスクを効果的効率的に処理を組み合わせる思考の中でも本来的には育まれるものである。

　情報活用能力の育成を通して，テクノロジーに支配される人間が出来上がってはいけない。道具をもって知識と世界を加工してきた人類は，その実，スマホが使えない，エクセルがわからないなど，道具の使い方や情報に自らの行為が支配されてしまうという逆説的な関係におかれている。情報活用能力の育成は，この点を乗り越えて行けるような情報を作り動かしていく主体への育成を目指すことが重要である。また，情報活用能力育成の重要性が，授業におけるICT活用・公正に個別最適化された学びでしかできないわけではない。情報活用能力の効果的な育成は，これらに縛られない実践的吟味を多く要する。

参考文献

新井郁男（編集代表）（2019）『これからの時代に向けた教育の改革と創造―AIの時代を視野に入れた教師力―（教育展望臨時増刊51号）』教育調査研究所。

（宮本勇一）

Q6 学校外教育施設と学校教育との関係について述べなさい

1. 学校外教育施設とは何か

　児童・生徒の学習の充実と心身の発達を目指す教育を実施する学校外教育施設には，公民館や博物館，図書館などが挙げられる。何を学校外教育施設とするかは，教育方法学や社会教育学など学問の分野によって異なる。そのため，学校外教育施設には，社会教育主事が携わっていないような施設も含む場合もあるとともに，学校の教育課程に学校外教育施設の利用を含める場合もある。

　2020（令和2）年度から施行された学習指導要領では，「社会に開かれた教育課程」の実施が重視される。学校と社会が連携して児童・生徒の学びを支えていくためには，学校と学校外教育施設の連携が重要になってくる。

2. 児童・生徒の学びを様々なかたちで支える学校外教育施設

　これまで教育方法学の分野で，学校外教育施設として活用されてきた代表的な施設としては，博物館や図書館などが挙げられる。

　学校教育における博物館の利用を促した背景の一つに，総合的な学習の時間の導入がある。2008（平成20）年に公示された学習指導要領では，小学校の社会や中学校の美術などにおいて，博物館等の施設の積極的な活用が示された。学校では得難い体験や，問題解決型の学習プロセスを踏むための場として，地域の資源を積極的に活用することが勧められ，博物館は課題を解決する調べ学習の場として好適とみなされた（佐藤，2012）。こうした学校と博物館の連携は，「博学連携」と呼ばれる。例えば，科学系博物館では科学技術や自然史に関する資料や展示物があり，これらを実際に観察する体験を通して私たちの身の回りの科学についての理解を深め，科学リテラシーの育成を図っている。

　また，主に美術科で学校との連携を図ってきた美術館では，「鑑賞」をどのような方法で実施するかに焦点が当てられている。特に近年は，美術作品にま

つわる歴史や固有の情報を教えるのではなく，作品に対する自分の見方，感じ方や考え方を，対話を通して深めたり広げたりしながら集団で意味生成する「対話による意味生成的な美術鑑賞」（上野，2012）の教育が実施されている。なお，こうした対話型の鑑賞については，VTS（Visual Thinking Strategy）というアプローチが深く関わっている。学校教育で，VTSをベースとした鑑賞教育では，教師は生徒の自由な対話を促すファシリテーターとして役割を果たすことが重要である。

　学校外に設置されている図書館については，もともと学校には図書館（室）があるが，2014（平成26）年には学校図書館法の一部が改正され，学校図書館の利活用の一層の促進のため，学校司書を置くように努めるものとすることが示された。さらに2017（平成29）年公示の小学校および中学校学習指導要領解説には，地域の図書館の活用を積極的に図り，資料を活用した情報の収集や鑑賞等の学習活動を充実することが明記された。現在は，学校図書館と地域の図書館が連携して，利用者を育んでいくような活動がみられる。特に公立図書館は，社会や地域の実情に応じて，その地域に関する歴史的な資料や，市民の生活に関する資料の提供などが期待されており，利用者や市民の要望に応えた活動が期待されている。また，図書館ツアーやOPAC（Online Public Access Catalog）活用講座などの活動は，目的の資料を探索し活用できるようになるための情報リテラシー教育の一環を担っているとも言える。

　ここで取り上げた施設以外にも，近年では動物園や水族館など新たな施設の利用による教育の効果が，科学教育等の分野で盛んに議論されている。

参考文献

佐藤優香（2012）「日本の博物館教育史」小笠原喜康・並木美砂子・矢島國雄編『博物館教育論―新しい博物館教育を描きだす』ぎょうせい，pp.12-15。

上野行一（2012）「対話による美術鑑賞教育の日本における受容について」『帝京科学大学紀要』8，pp.79-86。

（古賀竣也）

Q7 人工知能 (AI) の教育利用について概説しなさい

1. AIを用いた学習の個別最適化

　お掃除ロボット，銀行における融資の承認，車の自動運転や速度制御など，社会の様々な領域で人工知能（以下AI）の活用が進み，我々の生活のあり方を変化させてきている。教育の領域においてもAIとどのようにつきあっていくかという問題は差し迫ったものとなりつつある。例えば，文部科学省による「Society5.0に向けた人材育成〜社会が変わる，学びが変わる〜」（平成30年）や経済産業省による「『未来の教室』ビジョン　第二次提言」（平成31年）といった文書では，ほとんど同様の内容で今後の教育におけるAIの活用のあり方が以下の様に提案されている。

　まず分析のための基本的なデータとして，子ども達一人ひとりの学習ログ（スタディ・ログ）が蓄積される。全国学力・学習状況調査の結果，定期テストの点数，評定などは勿論のこと，日々の学習の記録や子どもの認知特性，果ては課外活動の成果（部活動やボランティア活動など）や生活環境に関する情報までが幼児期から記録されていく。こうして膨大に集められた子どもの学習や生活に関わるデータをAIが分析することによって，一人ひとりに対応した学習計画や学習コンテンツが提示され，個々人の特性や発達段階に応じて最適な学習を受けることが可能になるとされる。このような学校での学びの姿は「公正に個別最適化された学び」（文部科学省），「学びの自立化・個別最適化」（経済産業省）と呼ばれ，従来の一斉授業では適切に対応されてこなかった個々の子どものニーズを尊重することが期待されている。

　AIによる学習の個別最適化は，夢物語ではなく，すでに部分的には実現しつつある。例えば，AI型教材「Qubena（キュビナ）」（株式会社COMPASS）では，子どもたちがタブレット上に出題される問題に手書き（タッチペン）で回答を記入すると，自動で正誤判定が示され，問題を間違えた場合は，間違いの原因をAIが解析し，その生徒が解くべき問題へと誘導したり，アニメーションを使った解説・ヒントを出すことで，子ども達が一人ひとりのペースで自学

自習を進めていく。その間，教師は教師用の端末に示された子どもの学習状況を見ながら個別的に指導を行うことになる。

2．「アダプティブ・ラーニング」が提起する諸課題

　少なくとも現在においては，AIの教育的利用の主眼は，多数のデータをAIで分析することで子ども理解を精緻に行うことと，その分析に基づいて最適化された学習課題を提供することにある。今後は，学習者の正答率や進捗状況だけでなく，顔認証技術などを用いて学習者の感情や心境などにも応じた学習の実現が目指されている。このような一人ひとりにオーダーメイド化された学習はアダプティブ・ラーニング（adaptive learning：適応学習）と呼ばれ，現在の学校教育のあり方に再考を迫ってくることになる。

　確かに，AIを活用したアダプティブ・ラーニングは，これまでの教室での学習では対応しきれなかった問題をカバーしてくれる可能性を有している。学習をオーダーメイド化することで，教室という空間的な制約や「この学年ではこの内容について学ぶ」といったカリキュラム上の制約を超えた学びの機会を提供したり，教師による見とりではとらえきれなかった子どもの姿が浮かび上がってくることもあるかもしれない。AI型教材の整備については，2019年末に打ち出されたGIGAスクール構想にも盛り込まれており，学校での授業風景はこれから数年で大きく様変わりしていく可能性がある。

　しかし他方で，AIの教育利用が薔薇色の未来をもたらすとはかぎらない。例えば，デジタル化されたドリルを繰り返すことが，結局のところ特定のテスト問題を解くための学力にとどまり，学習内容の深い理解につながらないことも考えられる。あるいは「個に応じる」という美辞麗句のもとで，一人ひとりの子どもの能力や発達が固定的に捉えられることでいっそう「できる子」と「できない子」を分離して捉えることにつながらないかといった問題も残されている。教師と子ども，子どもと子どもが対面し，学級で学ぶことの意味が問い直されている。

（熊井将太）

Q8 コンピュータやeラーニングシステムに教師の代わりがつとまるか考察しなさい。

1．教育現場におけるコンピュータの利用

　従来の教育現場では，CAI（Computer Assisted Instruction）と呼ばれる学習システムの利用が進められてきた。CAIは，学習を刺激による行動の変化とみなす行動主義に基づいており，問題を提示しそれに応答してフィードバックを得ている。誤答した場合は解説を表示したり，時間を置いて再度同様の問題を提示したりすることができる。また学習の履歴を蓄積できるため，認知科学やAI技術に基づいて，最適な問題を提示したり，解決過程を類推したりする知的CAIやITS（Intelligent Tutoring System）等の開発に繋がった。

　そしてCAIの理論をベースに，eラーニングが展開されていった。類似した用語として，遠隔教育，ICT活用教育，ウェブラーニングなどがあるが，いずれもある意味でeラーニングを意味しており，ICTを介してまたは活用して行う教育や学習を指す（青木，2012）。またeラーニングの利点としては，学習者の都合によって学習場所や時間を柔軟に選択できることや，LMS（Learning Management System）を基盤とする学習履歴の確認ができること，分からない所をすぐに質問できることなどが挙げられる（青木，2012）。

　さらに，コンピュータを利用した協調学習の実践やその支援を意味するCSCL（Computer Supported Collaborative Learning）が活用されるようになり，eラーニングは学習者同士の協調学習の支援も可能にした。そこでのコンピュータの役割としては，コミュニティの形成，メンバー間の社会的相互作用の活性化，学習者の活動・理解の文脈を拡張するきっかけ作り，他のコミュニティとの交流の支援などが挙げられる（加藤・鈴木，2001）。

2．多岐にわたるeラーニング

　現在，eラーニングは様々な所で展開されている。例えば高等教育においては，無料で大学の様々な科目を学習できるオンライン大学講座JMOOC（Japan

Massive Open Online Courses）があり，大学の教員が講座を配信している。静岡大学では反転授業の支援として，人型ロボットであるPepperの動画教材への代理出演および英語や中国語などの多言語での発話が可能な講義動画配信システムSUPICE（Shizuoka University Pepper Information Service）を開発している。また中等教育においては，近年AI技術を用いた学習支援システムが注目されている。例えば，すららネット社のクラウド型学習システム「すらら」では，生徒の学習データに基づいて，教師や生徒自身では気づきにくい生徒の学習行動を「AIサポーター」が察知して，適切なタイミングでフィードバックをして，生徒の意欲を高めることができるとされている。また，デジタル・ナレッジ社の英語4技能対応授業実現ツール「トレパ」は，AIによる生徒の英語発話診断や，英作文の文法判定などの機能があり，教師はトレパを利用した教材を開発し，生徒の学びを支援している。

　このような近年の事例をみると，ICT活用を前提としたeラーニングは，教師の「代わり」というより，「補助」のような役割を果たしている。いわゆるドリル的な問題や百科事典的な情報は，eラーニングによって習得がこれまでより容易である。また21世紀型スキルの育成が指摘される現代では，確かな情報に基づいて学習者同士で多様な解のある問題や正解があるか分からない問題について考えるような授業の展開が期待されている。それゆえ教師はこうした変化に対応すべく，eラーニングを活用しつつも新たな題材を自身で開発することができる創造性や，授業で生徒の様子を見て臨機応変に授業を展開できるような授業展開のスキルといった，コンピュータに代われない資質・能力を発揮しなければならないと言える。

参考文献

青木久美子（2012）「eラーニングとは」青木久美子編『eラーニングの理論と実践』放送大学教育振興会，pp.9-25。

加藤浩・鈴木栄幸（2001）「協同学習環境のための社会的デザイン－アルゴアリーナの設計思想と評価」加藤浩・有元典文編『認知的道具のデザイン』金子書房，pp.176-209。

（古賀竣也）

編著者・執筆者一覧

［編著者］

樋口直宏　筑波大学人間系教授，博士（教育学）。
　著書：（共編著）『実践に活かす教育課程論・教育の方法と技術論』（学事出版，
　2020年），（編著）『教育の方法と技術』（ミネルヴァ書房，2019年）。

吉田成章　広島大学大学院准教授，博士（教育学）。
　著書：（共編著）『学習集団研究の現在 Vol.2 学習集団づくりが描く「学びの地図」』
　（渓水社，2018年），（共編著）『教授学と心理学との対話―これからの授業論入
　門―』（渓水社，2016年）。

［執筆者］（50音順）

安藤和久　（広島大学大学院生）
李　禧承　（桐蔭横浜大学准教授）
北川剛司　（奈良教育大学准教授）
熊井将太　（山口大学准教授）
古賀竣也　（筑波大学大学院生）
小林優子　（筑波大学大学院生）
佐藤雄一郎　（大阪教育大学特任講師）
田中　怜　（育英大学講師）
根津朋実　（早稲田大学教授）
早川知宏　（島根大学助教）
早坂　淳　（長野大学教授）
樋口裕介　（福岡教育大学准教授）
深澤広明　（広島大学名誉教授）
藤井真吾　（名古屋学院大学講師）
細矢智寛　（女子美術大学助教）
松浦明日香　（広島大学大学院生）
松尾奈美　（島根大学講師）
松田　充　（広島大学大学院助教）
宮本勇一　（広島大学大学院助教）
村井輝久　（武蔵丘短期大学講師）

新・教職課程演習　第3巻

教育方法と技術・教育課程

　令和3年6月30日　第1刷発行

　編著者　樋口直宏 ©
　　　　　吉田成章 ©
　発行者　小貫輝雄
　発行所　協同出版株式会社
　　　　　〒101-0054　東京都千代田区神田錦町 2-5
　　　　　　　　　　　電話　03-3295-1341（営業）　03-3295-6291（編集）
　　　　　　　　　　　振替　00190-4-94061
　印刷所　協同出版・POD工場

ISBN978-4-319-00344-0

新・教職課程演習

広島大学監事 野上智行 編集顧問
筑波大学人間系教授 清水美憲／広島大学大学院教授 小山正孝 監修
筑波大学人間系教授 浜田博文・井田仁康／広島大学名誉教授 深澤広明・広島大学大学院教授 棚橋健治 副監修

全22巻　A5判

協同出版